全民健身背景下的体育基础知识与健康教育

毛丰 著

中国纺织出版社有限公司

内 容 提 要

本书以全民健身的大环境为研究背景，在阐述全民健身的理论与方法的基础上，重点介绍了不同运动、不同健身目标、不同年龄段、不同项目膳食特征等内容，分别对以上健身路径及其锻炼方法做出了详细的讲解。

本书语言简练、结构清晰、内容丰富，系统性、时代性、创新性等特点显著，具有一定的参考和借鉴价值，可供广大健身运动爱好者阅读参考。

图书在版编目(CIP)数据

全民健身背景下的体育基础知识与健康教育 / 毛丰著. --北京 ：中国纺织出版社有限公司，2021.1（2025.1 重印）
ISBN 978－7－5180－7904－9

Ⅰ.①全… Ⅱ.①毛… Ⅲ.①体育-基本知识②健康教育-基本知识 Ⅳ.①G8②R193

中国版本图书馆 CIP 数据核字(2020)第 177814 号

QUANMIN JIANSHEN BEIJING XIA DE TIYU JICHU ZHISHI YU JIANKANG JIAOYU

责任编辑：朱利锋　　责任校对：王蕙莹　　责任印制：何　建

中国纺织出版社有限公司出版发行
地址：北京市朝阳区百子湾东里 A407 号楼　邮政编码：100124
销售电话：010—67004422　传真：010—87155801
http://www.c-textilep.com
中国纺织出版社天猫旗舰店
官方微博 http://weibo.com/2119887771
永清县晔盛亚胶印有限公司印刷　　各地新华书店经销
2021 年 1 月第 1 版　　2025 年 1 月第 2 次印刷
开本：710×1000　1/16　印张：11.25
字数：162 千字　定价：72.00 元

前言

随着社会的快速发展，人们的生活水平日益提高，单纯的物质生活已经满足不了人们的需求，再加上社会环境和自然环境在一定程度上威胁着人们的身心健康，因而人们对健康的关注度日益增加，全民健身也被更多的人们所了解和认识。全民健身是实现人类健康，促进人类进步的重要手段。全民健身不仅为人们的生活带来了全新的体验，使人们实现了身心健康、和谐发展的目标；同时，全民健身作为一种社会文明，已影响到社会政治、经济、文化生活的方方面面，并促进了人们生活方式的转变，引导人们向着健康的目标前进。

虽然全民健身体系已经逐渐建立起来，也逐渐向更完善的方向发展。但是，不可忽视的是，人们对全民健身体系的整体认识仍然存在着不足，对体育基础理论知识和健康的了解较少，这样就会导致参与全民健身运动的科学理论基础不够牢固，科学的理论指导欠缺，从而导致人们在健身上较为盲目，进而使得健身的效果大打折扣。为了进一步增强全民体育基础知识与健康教育，笔者特意撰写《全民健身背景下的体育基础知识与健康教育》一书，希望对全民健身的发展有所帮助。

本书共分为六章，第一章绪论简单地介绍了本书的写作背景——全民健身的特点、作用等内容；第二章对体育与健康分别进行了概述；第三章介绍了全民体育健身的科学理论与基本方法；第四～第六章根据运动项目的不同、健身目标的不同和健身人群的年龄段不同分别对全民健身知识进行介绍。

笔者在本书撰写过程中，参考了大量的材料及文献，在此向有关作者表示最诚挚的谢意！由于作者水平所限，书中难免存在不妥之处，恳请广大读者批评指正。

著者

2020 年 10 月

目 录

第一章 绪 论

近年来，中国经济有了令人瞩目的发展，人民的物质生活水平不断提高，老百姓的日子越过越红火。但随之而来也产生很多问题，比如餐桌上大鱼大肉越来越多，生活习惯越来越不好，缺乏运动的更是大有人在，引发了“现代文明病”。国家充分意识到此问题的严重性，因此，引导人们积极参与体育锻炼，养成良好的生活习惯，全面推进《全民健身计划纲要》。全民健身，利国利民，功在当代，利在千秋。本章主要研究全民健身的基本理论，并对《全民健身计划纲要》进行解读。

第一节 全民健身的概念与内涵

一、全民健身的概念

（一）健身的概念

通过对健身进行研究后发现，健身活动在世界不同国家和地区都有不同的称谓，所以在概念和内涵上有所差异。不论是东方国家，还是西方世界，人们对健身的认识相对统一——强健体魄、修炼身心。因此，健身在某种程度上与我国传统养生的含义基本相同。我国传统养生方法以独特的运动方式，达到维持生命、延长寿命的目的。

如今，社会经济快速发展，人们的物质生活水平不断提高，对健康的生活有着更多的需求。但社会大众对健身的认识相对浅显，很多人认为健身就是参加体育锻炼，实际上健身的含义不局限于此。“健身”一词在20世纪90年代提出，当时，除了医疗手段之外，其他所有为获取健康而采用的方法与手段都被纳入健身的范畴。在众多的健身方法与手段中，人们采取体育运动方式来实现健身目的的这种方式即被称为体育健身或运动健身。

20 世纪 90 年代后，我国从国外引入大量的与健身相关的文献和资料，从此，人们对健身有着更加深刻的理解和感悟。

林建棣在《体育健身指南》中指出，从实质上来看，健身就是促使人的身体健全和体质增强。

毕春佑在《健身教育教程》中指出，健身即建设和健全人的身体，实际上就是增强人的体质，这与上述观点完全一致。

朱金官在《健身健美手册》中指出，健身是指通过对一定身体锻炼方式的运用来实现促进体质强健的目的。

不同学者对“健身”含义的界定都有各自的侧重，在分析相关研究论点后可以给“健身”进行以下定义：健身是指采取各种体育手段，结合自然力和卫生措施，以提高身体机能、增进健康、增强体质和愉悦身心为目的的身体活动过程。健身中有多方面的行为，包括智力行为、肌体行为和社会行为，实施这些行为都是为了改善身体健康状况，所以健身的主要目的是获得健康。

现代健康新观念认为，健康不仅包含身心全面发展，同时还包括心智全面发展，以及人与社会的协调统一。但在大众群体中，并不是每个人都了解“健康”的全部概念。很多人认为，健康就是身体没有疾病，只要加强锻炼、合理膳食就可以获得健康。其实并不是这样，健康的内涵不仅仅是没有疾病那么简单。

在 1948 年世界卫生组织（World Health Organization，WHO）成立时，其宪章中明确指出：健康不仅指没有疾病和没有衰弱的表现，更重要的是在生理、心理以及社会适应方面达到完美的状态。健康包括三个层面的含义，首先是自然性的健康，人在自然中生活，人的组织器官以及生理功能良好，这是生物上的健康状态；其次是文化性的健康，人作为一种高级动物，拥有自己的思维，有着丰富的内心世界，人的生活就是适应自然和改造自然，从这层意义上来看，文化层面的健康就是心态以及行为规范上的健康；最后是社会性层面上的健康，人具有社会属性，健康的活动通常是个体行为，但必然会受到特定的社会制度、道德规范以及人际关系等方面的制约，因此健康的心理品质就是社会层面上的健康。总体来看，判断人是否处于健康状态，不能只看其有病没病，一定要从生理、心理以及行为等多方面综合分析，不仅要看身体上的器质性或者功能性有无异常，还应观察其有无主观不适感，身上是否具备社会所公认的不健康行为。

综上所述，健身不仅体现出传统养生的含义，而且体现发展身体、完善人体、增强体质等现代内容。人们通过运动健身，不仅使身体从弱变强，而且要使整个人从不完善到完善。所以，“养生”“发展身体”“增强体质”“完善人体”等词都可以打上健身的烙印。这些词语的内涵都可以在健身中体现出来，所以说健身是一个综合性词汇，既包括强健身体，又包括健全身心。

(二)全民健身的概念

全民健身的概念界定主要从两方面入手，即对象和方法。因此，全民健身可以界定为全体人民采取不同的手段、方法达到增强体质的目的。

蓝新光在《全民健身大视野》中提到，对我国来说，“全民健身”已经不是一个简单的词汇，它是我国社会主义现代化进程中一项重要事业，是我国亿万同胞的体育实践。在 20 世纪末期，全民健身是当时的体育热点，是我国独有的社会现象。“全民健身”的含义不仅能用“全国人民共同进行健身活动”这样直观的字面来理解，而且已经成为“全民健身事业”“全民健身战略”“全民健身计划”“全民健身工作”及“全民健身工程”等的代名词，内涵更加丰富。

强身健体是全民健身的主要功能和作用，但不是唯一的。全民健身倡导积极向上、遵守规则、团结合作、公平竞争、和谐发展等精神及理念，这与我国构建社会主义核心价值观的理念基本相符。所以，我国要继续探索、深挖全民健身的作用与功能，使其在社会主义事业发展和人民生活质量方面发挥积极作用，使人们通过全民健身积极参加体育运动，将其作为一种健康的生活方式。这样，全民健身才会作为促进社会进步与发展的重要推动力，才能真正落实和谐发展、公平竞争、崇尚规则等理念。

总体来看，全民健身是指全国人民，不分男女老少，全民共同参与，积极参与体育健身活动，提高身体各项素质，从而使全国人民身体强健。全民健身的宗旨是促进国民体质和健康水平的全面提高，重点对象是儿童和青少年。全民健身倡导人每天参加一次以上的体育健身活动，学会两种以上健身方法，每年进行一次体质测定。

二、全民健身的内涵

《全民健身计划纲要》中明确指出：“为了更广泛地开展群众性体育活动，增强人民体质，推动我国社会主义现代化建设事业发展，特制订本纲要。”群众性体育活动、人民体质、社会主义现代化建设事业是上述论述的重点，其中传达了重要信息——全民健身的主体、内容和目的。

《全民健身计划纲要》中还指出，全民健身计划的实施对象是全体国民。在全民健身中，“全民”指所有中国国民，无论男女老少，不论天南海北，甚至是旅居国外的侨民都包含在内。健身就是对人的身体进行健康维护，并促进体质不断增强。

综上可知，全民健身的含义在不断演化过程中逐渐向“中国特色的大众体育”层面延伸，纲要中包含以下几方面的内容。

第一，全民健身活动的法律法规与组织。

第二，全民健身活动分类与基本内容。

第三，全民健身活动设施与资源开发。

第四，中国社会体育指导员、市民健身、农民健身、学生健身、特殊人群健身。

第五，全民健身效果评价以及全民健身的国际借鉴等。

第二节 全民健身的作用与地位

一、全民健身的作用

(一)保障个体健康

在健康中国的建设中，全民健身是促进个体健康的保障。全民健身的首要作用就是要实现个体健康。

如今，广场舞、长跑、散步等健身活动已经成为大众喜闻乐见的健身方式，养生之道、健身之法一度成为社会的热潮，这所有的一切源于人们对体育的深入理解，对健康的深入认知以及全民健身的彻底领悟。

从历史上某些国家的发展经历来看，缺乏身体锻炼、健身意识不强是经济转型时期普遍存在的问题，这往往导致国民体质和健康水平逐步下滑，冠心病、癌症、糖尿病等疾病日益普遍，健康问题成为社会发展的严重威胁。而全民健身是一种自立、主动、非医疗的健康干预手段，能够最有效、最便捷地提高人体身心素质。广大群众的积极参与是全民健身的基础条件，个体健康是全民健身的最基本诉求，全民健身应该以每一位国民的健康为本源，全民健康的实现是从个体健康开始的。

真正意义上的健康包括身体健康、心理健康、道德健康和社会适应能力四方面的标准,形成了生物、心理和社会的三维立体概念,也就是三维健康观。人在全民健身中参加某项具体的身体活动,应该有适量的运动标准,通常运动心率控制在每分钟 120～150 次,锻炼时间在 20～60 分钟,锻炼频率为每周 3～5 次,这样可以取得较好的健身效果,有利于人体健康。

(二)推动社会健康

社会健康,是一种在个体健康的基础上,又高于个体健康的更高级别的形态。社会健康也被称作社会适应性,指个体与社会环境相适应,具有良好的人际关系和实现社会角色的能力,由一定经济基础和上层建筑所筑成的由整体表达的健康状态。

全民健身推动社会健康的作用,要从改变生活方式开始,通过个体、家庭、社区乃至社会的群策群力,共同形成健康生活的意识,养成健康的生活方式。这是推动社会健康的重要内容,即从以治疗为中心的被动、依赖型健康干预模式,转变为以预防为中心的主动、自立型健康干预模式,其实也就是健康管理中所采取的医疗或非医疗手段进行医疗干预,在日常生活中建立的促进健康行为,消除危害健康的行为。

全面推进全民健身战略,开展全民健身运动,通过全民健身一点一滴地改变人们的生活方式,这在促进健康行为中是不可或缺的。全面开展全民健身运动,增进社会健康,为老百姓的健康谋福祉,这是国家保障公民权益、政府履行职能的体现,如今也成为衡量社会文明程度的重要标尺。

全民健身,是一种积极主动、低成本、高收益的健康生活方式,已经得到了全国人民的认可,具有深厚的群众基础。全民健身的特点是:活动参与人群众多、门槛低、渗透性强。广大人民群众在健身活动中充分锻炼身体,获得积极的体验,释放自己的压力,还养成了诚实守信、公平公正的社会道德素养。由此可见,全民健身能够彻底改变社会生活方式,促进社会主义精神文明建设,促进社会主义核心价值观的践行,进而推动社会健康。

(三)实现全国健康

全国健康是超越个体健康,凌驾社会健康之上的终极健康形态,发挥全民健身的独特作用,促进全民健身与全民健康的深度融合,推动全民健身战略的落实,真正意义上实现全国健康。

所以,全民健身战略的落实,是真正实现全国健康,实现健康中国的迫切需要和重要举措。没有全民健康就没有全民小康，所以全民健身对于全民健康、健康中国乃至全面建成小康社会的建设都具有重要意义。

《全民健身计划（2016—2020年）》提出以立体构建、整合推进、动态实施的理论和方法指导全民健身的落实，从而推动健康中国的建设，实现全国健康。立体构建是全民健身的顶层设计，通过宏观思维进行合理的战略布局，从战略高度布控严谨而周密的计划，确保路线与方针政策和中央高度一致；整合推进就是全民健身工作的推进中，做到精诚团结，调集各方力量，整合资源，努力达到事半功倍的合力效应，从而实现既定目标和任务；动态实施就是全民健身战略要落实下去，将全民健身理论与实践相结合，不搞教条主义和形式主义，结合实际情况不断对目标、策略、举措进行改进和调整，从而达到动态平衡。

同时，始终坚持党中央、国务院的领导，抓住全民健身和健康中国战略这两个重大历史机遇，全面探索体质健康测定与社会健身指导站、社区医院等社会资源相结合的运行模式，进一步完善国民体质测试常态化机制。以健康为中心，建立更加便利的全民健身指导体系，通过"社会营销"理论，向民众传播健康的生活方式，普及全民健身教育，使全民健身成为社会潮流。此外，要落实"四个全面"的战略布局，从促进整个国家经济社会发展的大局出发，对维护和促进国民健康进行制度性安排，为实现中华民族伟大复兴的中国梦做出积极贡献。

此外，全民健身能缓解医保支出，解决医保难题，充分缓解医疗卫生负担。健身领域和医疗卫生领域通力合作，共同突破全国范围内个体、家庭、社区及社会等方面的健康问题，解决全民健康中所遇到的各种问题和挑战，最终真正实现健康中国的愿景。

二、全民健身的地位

（一）健康中国的践行者

全民健身是健康中国的践行者，是健康中国建设的重要途径和手段，是从理念提出到行动落实的重大举措。

据2018年统计报告数据显示，我国居民中，因为慢性病死亡的人数已达总死亡人数的86.6%，比例之高令人咂舌。像高血压、糖尿病这些慢性疾病，传统的医学手段只是通过药物和其他医疗手段进行暂时的调节和控制，无法彻底治愈，且疗效并不稳定，用药周期长，使得人体产生抗药性，后期只能通过加大药物剂量或者改变药物种类来维持生命。此外，患慢性病患者的年轻化趋势越来越明显，这为所有人敲响警钟。很多专家学者试图攻克慢性病这一世界性难题，希望能够帮助大家摆脱“亚健康”的枷锁。多方研究证实，参加体育运动是控制慢性病最行之有效的办法。众所周知，全民健身号召人们参与到体育运动中去，是实现全民健康的非医疗干预手段中最有效的。全民参与体育健身，可以控制住慢性病的发展，实现有效的健康管理。如今，全民健身已成为全民主动健康的战略力量，构建起攻防兼备、标本兼治的全民健康保障体系。一方面，全民健身作为非医疗手段干预健康，完全取代医疗手段进行疾病预防，保障人的健康；另一方面，全民健身可以作为一种“互补品”，补充医学、卫生、教育等领域对健康的作用，实现多领域的协同互补，进而实现全民健身和全民健康，建成健康中国。

(二)健康中国的推动者

全民健身是健康中国的推动者。通过全民健身的落实，可以推动健康中国建设。健康中国打破传统模式，跨界融合体育、教育等领域，全民健身作为体育领域的内容，在健康中国建设中具有特殊意义。全民健身能够促进体医融合、体卫融合，进一步降低医疗卫生开支，缓解医疗卫生压力，解决老百姓“看病难”的弊端，推动健康中国建设。全民健身的跨界融合具体表现在以下两个方面。

1. 体医之融，主要体现于预防与恢复

首先在于预防。要形成“运动是预防”的思想。全民健身是全民健康的阵地，是医学治疗的前卫表现。在全民健身的工作中，为广大参与的群众制订科学的运动健身处方，加强体育运动医务监督，以保障全民健身活动科学运行，达到预期效果，同时也保障人体健康，预防运动损伤和其他疾病，达到预防的功效。

其次在于恢复。“运动是刺激”已经得到了承认和运用，出现伤病，传统做法是直接休息，而现今提倡进行一些合理运动负荷的康复训练，以保证关节不会因没有受到刺激而出现“弱化”问题。

2. 体卫之融，指全民健身的外部和内部卫生环境

首先是外部环境，即全民健身活动举办地的选址、自然环境、空气质量、时间安排等。

其次是内部环境，即全民健身公共体育服务设施的卫生质量、健身场地的卫生状态、健身人员的卫生条件等。

(三)健康中国的引领者

全民健身是健康中国的引领者。在健康中国建设中,全民健身发挥着带头的作用,引导着健康中国建设的方向,具体表现为以下三个方面。

1. 全民健身引领健康中国建设

参与体育运动等同于形成健康的思想,树立全民健身抵抗疾病的观念,推广"运动是良医"的理念,相信运动健身是很多慢性病重要的非药物治疗手段。此外,广大人民群众还要有储存健康的思想意识,即开拓医保卡的健身功能,将医保卡的治病功能发展为防病功能。通过全民健身,迁移健康的阵线,做好全民健康保障,进而引领健康中国的建设,实现全民健身与全民健康的深入融合。

2. 全民健身引领健康生活方式

如今,跑步、广场舞、散步等简单易行的运动健身方式非常流行。在社区、广场、公园、河岸都能看到参加健身锻炼的人们。全民健身已经发展为一种社会文化,人们对体育运动的理解也向科学健身靠拢,在健身过程中寻求身心健康的共识,发展健康的生活方式,用多彩、丰富的健身形式构筑疾病防治的第一道防线,用灵动的身体活动勾勒出健康中国的宏图。

3. 全民健身引领全民健康服务

自全民健身成为国家战略之一后,全国各地体育部门不断深化改革,探索全民健身与全民健康的融合机制,探索全民健身引领全民健康的创新之路。国家政府大力投入人力、物力、财力建设公共体育服务设施,建立全民健身服务体系,为公民参与体育健身创造更方便的条件,让广大群众真正从全民健身发展中受益。

第三节　全民健身的内容与特征

一、全民健身的内容

(一)普通健身人群活动内容

1. 个体健身活动内容

在《中国群众体育现状调查结果报告》中发现,国民参与的健身活动中,排名前十的分别为长走与跑步、三大球(足球、篮球、排球)、羽毛球、游泳、体操、乒乓球、登山、跳绳、台球与保龄球、舞蹈。

从报告的结果来看，这些活动具有一定的稳定性。和以往相比，参加太极拳、武术、门球、地掷球等项目的人数略有减少，而舞蹈、球类等具有极强竞技性和娱乐性的项目则受到了更多的青睐，登山的人数也有明显增加。

2. 群体锻炼健身活动内容

据调查发现，我国城乡居民在全民健身活动参与的体育项目中，排在前八位的分别为健身健美操、武术、秧歌、交谊舞、广播操、羽毛球、门球、网球。

基本上，有很多居民活动点将这些项目作为长期锻炼的项目，也有少数居民活动点根据季节和气候调整相应的活动项目，随着健身潮流风向更换活动项目的健身活动点也有，但较少。

之前，人们只是参与几个相对流行和普及的项目，如今随着全民健身运动稳步开展，各种各样的项目都进入群众的视野。当前，社会不断涌现出新潮、具有创造性的大众健身锻炼项目。其中，太极柔力球就是一个很好的例子。该项目受到中老年群体的欢迎，是羽毛球与太极拳的融合，对中老年人的健康很有好处。再比如老年拐棍操，它由上海市某社区居民设计，其动作合理，形式诙谐，很有趣味，因此对老年男性有着很大的吸引力。

（二）商业健身人群活动内容

1. 商业健身概述

商业健身，又称商业健身服务业，是通过向客户提供优质的体育健身产品和服务，从而满足客户的健身需求。

商业健身作为体育产业不可或缺的一部分，在我国的大城市中发展得十分迅速。从另一个角度来看，商业健身服务业也是大众体育的重要组成部分，其在大众体育中有着重要的地位和作用。然而，有人认为商业健身不属于大众体育，这只是给那些富人服务的行业，这种观点是错误的。从本质上来看，商业健身当然属于大众体育的范畴。

2. 商业健身的特点

第一，不论企业还是客户，增强体质是他们共同追求的目的。

第二，商业健身服务业的客户往往具有很高的经济水平，随着社会经济与人民生活水平的提高，参与商业健身的群体不断扩大。

第三，商业健身属于大众体育健身的重要组成部分。

第四，参与商业健身，通常都能够得到专业、科学的健身指导，因而健身效果较好。

第五，商业健身中，健身设施和环境往往是比较优越的。

第六，运动员在健身过程中花费较多的资金，这是一种健康投资。

第七，商业健身服务业中，企业的根本目的是盈利。

3.商业健身服务业的意义

第一，健身俱乐部往往拥有一流的设施与优美的健身环境，所以客户个人特定的健身目标（减肥、健身、塑形、娱乐）往往都能得到实现。

第二，在商业健身中，能够使特定社会阶层的健身与心理需要得到满足，这是“市场细分”的必然趋势。

第三，公益性大众健身自身存在一定局限和不足，这在商业健身中能够得到弥补，因而能使公益性大众健身资源有限的问题得到解决。

第四，商业健身能够创造大量就业岗位，提高社会就业率。

第五，商业健身对于体育产业的整体发展具有积极的推动作用。

4.参与商业健身的活动内容

调查显示，在商业健身参与者参与的活动内容中，排在首位的是操类课程，具体包括搏击操、健美操、肚皮舞、瑜伽、游泳、剑道等。此外，动感单车、普拉提、跆拳道、有氧功率跑台等也很受欢迎。在一些中高档的商业健身企业中，网球、高尔夫等也是常见项目。

上述健身项目对于提高运动员的身体素质非常有益，不同项目有着各自侧重的素质，比如有的项目重点发展人的力量，有的重点发展人的柔韧，有的重点发展人的有氧耐力等。

上述健身项目大多是国外的运动，如跆拳道来自韩国，瑜伽来自印度等。从文化角度来看，跆拳道充满各种教育因素，如仁、礼、勇、信等；瑜伽有古老的印度文明为支撑等。从项目的需求人群而言，主要群体是白领阶层，他们参与到这些项目健身不仅是为了满足健身需求，更是为了追求一些精神需求，信其“道”，亲其“师”。此外，不同项目对应着不同追求的人群，比如想要健美的人士往往参加力量训练与形体练习，想要减肥的人士往往参与有氧运动。

（三）全民健身中的竞赛活动

在体育运动的基本特点和形式中，竞赛是最明显的表现。竞赛是参与体育活动的基本手段之一，全民健身活动的发展，离不开竞赛发挥出的杠杆作用。

如今,“全国体育大会”“民族传统体育运动会”等赛事如火如荼地进行着,这是具有全民健身性质的大型综合赛事。另外,全国门球比赛、全民健身路径的比赛、全国舞龙及舞狮比赛等具有全民健身性质的大型单项竞赛活动也开展得如火如荼。从年龄来划分,全民健身中的竞赛活动有老年人的竞赛活动、青少年的竞赛活动等。

需要注意的是,全面健身活动竞赛的举办目的与手段和竞技体育赛事有所不同。所以,组织和举办大众体育竞赛活动时,切不可盲目地用竞技体育竞赛的方法进行。全民健身竞赛比的是运动方式更健康、体育素养更高,而不是竞技体育追求的“更快、更高、更强”。在现阶段,我国大部分大众体育竞赛活动都是通过对竞技体育竞赛办法的盲目套用而举办的,这需要引起有关部门的关注与重视,必须纠正这一错误做法,采取合理的方法举办大众体育赛事,明确赛事的目的、任务、内容,体现出其价值。

二、全民健身的特征

(一)全民性和公益性

首先,全民健身具有全民性,这主要体现在其坚持以人为本的理念,服务全中国的国民,为大众服务,保障中国公民享有参加体育活动的权利,让全体国民在全民健身活动中享受到体育的乐趣。由此可见,全民健身惠及的不是一部分人或大部分人,而是全体。人人都有权利参与全民健身活动,但每个人同时也会受到一定公共规则和社会道德的约束。

另外,群众性体育事业还具有公益性特征。顾名思义,公益指的是公共利益,社会公众就是公共的具体表现。作为一项公益性社会事业,全民健身活动发展到今天离不开社会主义市场经济体制的影响,因此国家不对这项事业大包大揽。政府、社会、公民都有相应的责任,并依法承担、履行相应的责任。

(二)健身性和娱乐性

群众体育的众多需求中,明显的本质追求就是健身性和娱乐性。

群众体育具有鲜明的健身性,这是因为经常参加体育活动能够促进人的体质健康,促进身体素质的提高,使人以更加充沛的活力投入学习和工作之中。

群众体育同时具有娱乐性,具体来说,人们在体育活动中充分放松心情,使精神更加振奋。健身性和娱乐性相辅相成,健全的身体也包括健全的精神,精神健全以身体健全为载体。作为群众体育活动的参与主体,广大群众在自愿、主动的基础上，以直接的身体活动参与体育运动，从而达到身心健全和精神饱满的目的。

(三)多元性和灵活性

1.服务对象的多元性与灵活性

全民健身的多元性与灵活性特征体现在服务对象上。全民健身服务体系的服务对象是全体国民，青少年、中年、老年，不同阶层、不同文化程度、不同职业的人群全部包含在内。所以，全民健身活动面对的服务对象各不相同，因此要根据不同群体安排不同的服务。

2.投资主体的多元性与灵活性

多元性与灵活性还体现在全民健身的投资主体上。全民健身计划的实施肯定要投入一定数额的资金，这是开展全民健身活动的基础保障。

《全民健身计划纲要》中提出："体育部门要改善资金支出结构，逐步增加群众体育事业费用在预算中的支出比重，鼓励企事业单位、社会团体、个人资助体育健身活动。"全民健身计划的资金来源十分多元，主要由政府拨款、社会筹集和个人投入三部分组成。随着我国经济体制更加完善，全民健身计划的实施也会有更加合理的投资方式。

3.工作方式的多元性和灵活性

随着全民健身的深入发展与各项健身活动的广泛开展，会逐渐形成多元的工作体系和工作方式。这个体系中主要由政府组织、社团组织、单位组织、社区组织以及民间健身俱乐部组织组成。在整个体育组织系统中，各个机构均发挥着自身作用，显示出自身价值。政府体育机构、社会体育指导中心、体育社会团体、群众健身辅导站等各司其职，都为全民健身事业贡献力量。

第四节　我国全民健身的产生与发展

一、全民健身产生的背景

全民健身的产生，主要有以下两方面的背景原因：一是世界大众体育对我国产生了深远的影响；二是全民健身是建设中国特色社会主义的客观需求和时代发展的必然产物。

二、世界范围内大众体育发展在中国的体现

20 世纪 80 年代后，大众体育发展速度持续加快，呈现出势不可当的趋势。在此背景下，世界性的民间组织、政府组织都对大众体育予以高度关注与重视。此外，世界上很多国家都结合本国的实际情况，对本国的大众体育发展规划进行科学制订，大众体育在法律层面上有了新的发展。发展规划的制订确保大众体育得以健康、可持续发展。

随着世界大众体育运动发展势头的日益强劲，许多国家深受其影响，先后对本国的大众体育发展规划进行有组织、有计划的制订，并明确了长期奋斗目标，对具体落实进行详细规划。例如，澳大利亚颁布了《生命在于运动计划》和《积极澳大利亚》；加拿大颁布了有关大众体育的《积极生活》；德国制订了《家庭体育奖章制》和《黄金计划》等；新西兰的《国家运动计划》；英国的《年代体育战略规划》和《体育：提升娱乐》；比利时的《每家一公里计划》；美国提出了《最佳健康计划》和《健康公民 2010》；韩国颁布了《小老虎体育健身计划》；日本出台了《东京都增进健康计划》《国家体育促进与大众体育建议》和《迈向 21 世纪体育振兴策略》。这些计划的实施使得体育与健康、卫生、生活方式及质量等之间的联系更加密切，从而促进了大众体育的发展。

随着大众体育的广泛发展，我国也跟随这一趋势。我国是世界人口大国，若要发展大众体育，不仅会对本国产生影响，而且会影响全世界。在观察到世界大众体育运动的发展势头后，政府对大众体育在我国的发展进行科学的规划和布局，并制订、颁布与实施了专门的法规性文件——《全民健身计划纲要》。从这一点来看，世界大众体育的发展潮流直接引领我国开展全民健身活动，从实际来看，大众体育在我国的发展正是通过全民健身活动实现的。

三、建设中国特色社会主义国家的客观要求

人民是我国进行社会主义现代化建设的力量与源泉，社会主义事业的发展程度直接受到人力资源质量的影响。

习近平主席在党的十九大报告中提出："人民是历史的创造者，是决定党和国家前途命运的根本力量。必须坚持人民主体地位，坚持立党为公、执政为民，践行全心全意为人民服务的根本宗旨，把党的群众路线贯彻到治国理政全部活动之中，把人民对美好生活的向往作为奋斗目标，依靠人民创造历史伟业。"

坚持以人民为重心，那么，一个摆在人民面前重要的问题就是人的健康问

题。人是社会发展的根本，而健康又是人得以发展的根本。我国经济建设和社会发展需要国民有良好的健康素质，而能够从整体上提升全民素质的一个很重要的途径就是全民健身，其在促进全民体质增强，促进国民健康水平提升的过程中发挥巨大的优势与作用。

中华人民共和国成立后，我国大力发展体育事业，取得了一些成就。具体表现在：全国各地普遍开展内容丰富、形式多样的群众性体育活动；我国的体育物质条件有了明显的改善；体育活动的参与者大大增加；人民的体质与健康水平日益提高；在提升人民素质、加强社会主义建设的过程中，体育发挥着显著的作用。

上述成就说明我国社会各界普遍对全民健身工作持支持态度。但需要注意的是，在对全民健身工作开展中所取得的成就予以充分肯定的同时，也要及时发现其中存在的不足。总体来讲，我国全民健身工作的现状与我国现阶段社会主义现代化建设的需要并不适应，具体表现在以下几个方面。

第一，群众普遍尚未形成较强的体育健身意识，全国尚未广泛开展群众性体育活动，参与体育锻炼的群众的数量不够多。

第二，群众参与体育锻炼的需求没有得到满足，现有的健身场地设施向社会开放的程度不高。

第三，我国对全民健身的相关法规、文件的执行力度还不够。

第四，我国尚未建立先进的全民健身工作科学技术和监测管理系统。

第五，我国尚未建立与社会主义市场经济体制相适应的全民健身管理体制和运行机制，全民健身工作尚处于摸索阶段。

在发展经济与体育事业的过程中，要通过合理的政策与有效的措施来逐步解决上述问题。1995 年，我国正式颁布实施了《体育法》和《全民健身计划纲要》，这是相关部门经过长期准备和多次论证修改的结果。这些法律制度的颁布标志着我国全民健身活动进入规范发展的轨道。此后，广大群众参与全民健身活动有法可依，有了健身的权利。

四、全民健身的科学性、实效性和普及性将成为开展体育工作的目标和重点

全民健身在决胜全面建成小康社会、进而全面建设社会主义现代化强国、实现中华民族伟大复兴的“中国梦”中起到十分积极的作用。

国家体育总局和各级体育部门在关于群众体育事业的发展中强调，全民健

身工作要围绕党和政府的中心任务，服从和服务于国家社会经济发展的大局。从实际出发、从本国的基本国情出发，解放思想，与时俱进，在改革中求发展，在创新中求完善。

要发挥各级人民政府在推进群众体育发展中的主导作用，制订合理的政策措施，积极强化在为人民群众提供良好体育公共服务的基本职能，广泛动员和宣传全民健身的作用与意义，取得社会各界的支持与响应；积极参与群众性体育工作，大力探索群众体育社会化发展道路；不断满足人民群众日益增长的体育健身需求，提高人民群众的体育健身意识，增强人民群众体质健康水平，在政策出台、措施完善等方面切实关注民生，把“人民群众是否高兴、是否满意、是否赞成”作为衡量工作的基本标准。

为实现上述目标，国家体育总局提出，未来的全民健身工作要深入研究和认真思考我国全民健身发展的实际基础，弄清发展现状，总结成功经验，把握好工作规律，解决发展难题，寻找解决问题之策，为长远发展而考虑。因此，全国各地要全面开展全民健身现状调查，获得真实、有效的数据，为全民健身活动的进一步开展提供科学的基础性数据；对本地的全民健身状况，参与者的活动方式、喜爱项目、场地实施进行调查研究，为广大群众提供科学的指导，解决突出存在的问题；开展全民健身效果研究、全民健身组织的研究等。这都是未来全民健身工作的走向。力争使全民健身事业的科技水平不断提高，使广大人民群众的体育健身更加科学化。

五、有序推进《全民健身计划(2016—2020年)》

《全民健身计划(2016—2020年)》(以下简称《计划》)是全新时期我国全民健身事业的纲领性文件。在新的时期，国务院将全民健身上升为国家战略，《计划》是全民健身事业的首个顶层设计，是“十三五”时期开展全民健身工作的总体规划和行动纲领。

《计划》的起草与发布是充分贯彻落实习近平总书记系列重要讲话精神，是全面建成小康社会决胜阶段、贯彻落实全民健身国家战略、推进健康中国建设的总体布局中的科学认知和如实推进。《计划》充分显示出协调、创新、绿色、开放、共享的发展理念，充分落实了政府转变职能、简政放权、放管服务的要求，规划新思路、发布新举措、提出新要求，在全民健身公共服务体系不断完善、政府治理能力和水平不断提高、全民健身事业持续发展中，政府、社会、市场不断取得新突破，出现新亮点，是落实全民健身国家战略的新蓝图。

六、社会化是全民健身发展的必由之路

随着我国经济体制的变革和社会的快速发展，体育作为一种特有的文化现象，其社会化程度不断加深。政府包办一切的时代已经一去不复返，我国全民健身管理体制正在向政府与社会结合的体制过渡。虽然政府部门在全民健身活动的管理中依然具有重要作用，但政府转变职能，依靠事业单位、群众体育组织、中介机构等社会力量推进全民健身事业，这是大势所趋。

未来，我国必然建立起全新的全民健身运行机制，全民健身的持续发展必然促使政府机构进行改革和职能转化，政府更多地承担起宏观调控、监督、协调、引导的责任，而全民健身的实际操作将逐渐交给社会力量，尤其是各种民间的体育协会。

随着体育改革逐渐深入，我国全民健身未来的局面是政府宏观协调，各级体育总会管理，各体育协会和群众社团形成网络型的组织结构实施与操作。目前活跃的晨晚练点、辅导站，将同各种体育俱乐部一起作为体育协会的组织系统，成为其基层组织单元。群众体育社团将真正作为我国群众体育组织体系的主体。

第二章 体育与健康概述

第一节 体育概述

一、体育的概念与构成

(一)体育的起源与发展

体育作为人类文化的重要组成部分，是随着人类社会的发展而逐渐形成和发展起来的。据史学家和考古学家的研究，人类早在原始时代就把走、跑、跳跃、投掷、攀登、爬越等作为最基本的生产劳动以及日常生活的技能和本领传授给下一代。这是人类教学的萌芽，也是体育活动的萌芽。体育的发展与教育、军事、科学技术的发展，以及人们的休闲娱乐活动有着密切的关系。必须指出，体育在其整个历史发展过程中，是受一定的政治经济所制约，并为一定的政治经济服务的。体育的发展大致经过了以下三个时期：原始体育萌芽时期；自觉从事体育时期；形成与完善体育制度时期。经过这三个时期，逐步形成了现代的体育体系，其中竞技体育的发展更是推动现代体育发展的主要动力。

(二)体育的概念

“体育”一词，据世界体育资料记载，最早是法国人于1760年在报刊上论述儿童身体教育问题时首先使用的，现在国际上普遍用“Physical Education”泛指“体育”。本意是指以身体活动为手段的教育，直译为身体的教育。“Sport”一词一般认为源于拉丁文“Disport”，本意是指离开工作去游戏、玩耍、进行娱乐活动等。后来逐渐形成具有新含义的一个概念，即竞技运动(竞技体育)。

(三)我国体育概念的传入

我国是近百年以前才从国外接受“体育”一词的，体育史界一般认为最早是从日本传入的。当时还有从德国传入的“体操”一词。中华人民共和国成立后，都用“体育”“体育运动”作为体育的总概念或第一位概念。“体育”有广义和狭义之分，体育理论界对它的定义有不同的观点，目前比较普遍且较有群众基础的观点是：它是指根据人类社会生活的需要，依据人体生长发育、动作技能形成和机体机能提高的规律，以身体练习为基本手段，达到发展身体、增强体质、提高运动技术水平、丰富社会文化生活的一种有意识、有目的、有组织的社会活动，及其在人类社会发展中形成的全部财富。

我国现代体育基本上由社会体育、竞技体育、学校体育三方面所组成。

1. 社会体育

社会体育是指群众体育或大众体育，是以健身、娱乐、休闲、医疗和保健为目的的群众体育活动。其特点是不要求严格训练，形式灵活多样，娱乐性、趣味性强，参加对象多为一般群众，活动领域遍及整个社会。

2. 竞技体育

竞技体育是指以取得优异成绩为目的，为了追求“更高、更快、更强”的竞技比赛目标，最大限度地挖掘人的体力、智力以及运动能力等方面的潜能而进行的科学训练和各种竞赛活动。

3. 学校体育

学校体育是教育的重要组成部分，是以增强体质，掌握体育知识、技术和技能，培养学生良好的道德品质和顽强进取的拼搏精神，它与德育、智育相结合，是有组织、有计划、有目的的教学过程。

二、体育与现代社会及生活方式

随着信息化社会的发展和知识经济时代的到来，科学技术和生产力的发展都达到了人类社会前所未有的新水平，体育的社会地位也日益提高。体育作为人类社会的一种文化，对人类社会的发展、文明和进步起到了积极的作用。

今天我们所提倡的是创造文明、健康、科学的生活方式。文明健康、科学的生活既是社会进步的标志，也是现代人在解决温饱等问题的条件下，对需求层次逐步提高所产生的。

（一）现代生活中的体育

体育进入现代生活，成为人们日常生活方式的一个重要内容，与体育社会的推进和体育人口的增加有着密切的联系。在现代社会生活条件下，由于通信工具的现代化,各种体育报刊的增加,网络的普及,大大加强了体育向人们传播的速度,并影响着人们生活的各个方面。据资料显示:目前,我国经常参加体育运动的人数大幅增长,约占总人数的20%,并且有不断增加的趋势。从体育人口的不断增长可以看出,与现代社会相适应的现代体育,正以它特有的多姿多彩的内容和形式吸引着越来越多的人参与其中,体育已成为人们现代生活方式的一个重要组成部分,同时也成为建设社会精神文明的一项内容。体育以它独特的方式锻炼人们的意志品质,完善人们的心智,增强人们的体质,陶冶人们的性情,而且,它还和社会的文化、娱乐、卫生保健活动密切结合,成为一种高尚、优雅的生活内容,使人们在一种愉快的精神享受中,达到满足身体和心理发展的需要。

(二)体育运动有助于形成和谐的人际关系

现代社会快节奏的生活方式,使人们越来越趋向封闭状态,造成了人与人之间感情交流的缺乏,导致人际关系疏远。而体育活动使人与人之间产生亲切感,特别是在竞争中,不同职业、年龄、性别、文化素质的人聚在运动场上,使个人之间、集体之间的交流更加频繁和协调,是对个人心理品质严峻的考验和磨炼。

体育运动能增加人与人之间的接触和交流的机会。体育运动的魅力在于使人们冲破隔阂,相聚在运动场上,建立起平等、亲密、和谐的关系。体育运动不分地位、肤色、贫富、职业、年龄,任何人都可以参与,而且超越世俗的界限,让世人平等而真诚地为一个目标而奔跑,为一场比赛而呐喊、兴奋、激动,分散的人们在运动场上相聚,重建人际关系。人们通过彼此的交往,增进相互间的情感交流,产生亲密感,消除误会和隔阂,使心情感到愉快、舒畅,同时也会促进信息交流。而良好的人际关系是人的身心健康不可缺少的部分,为了保持身心健康,人们除了营养、休息、体育锻炼和安全的需要外,更需要满足感、归属感、爱和尊重。人们渴望同他人有一种深情的关系,渴望自己在所属群体和家庭中有一个位置。在体育运动中,参与者之间形成了亲密的“战友”关系,使原本陌生而互不了解的人成了朋友,使已经认识的人彼此更加了解,友谊更加长久。在体育运动中,通过与他人的交往,可以使自己忘却烦恼和痛苦,消除孤独,提高自己的社会适应能力。体育的这种特质贯穿于锻炼与比赛活动中,成为每个参与者信守的原则,它完善了人们的言行,改善了家庭成员的关系,使家庭更加亲密融洽,形成了相互尊重和诚实待人的人际关系。体育是一种人类平衡的工具,并且是形成凝聚力、社会一致性的一种手段;体育是一种休闲度假的理想方式,它可以给家庭带来融洽与幸福。

(三)体育对人生命过程的影响

体育锻炼影响着人的一生,表现为以下三方面:第一,婴幼儿阶段是体育锻炼的起点,体育锻炼对婴幼儿的生长发育、身心健康、生命运动具有重要影响;第二,青少年阶段是体育锻炼的入门期、关键期,对于青少年生长发育和身心健康起保障和促进作用,同时也为成人体育奠定基础;第三,中老年阶段是身体发育的扩展期,根据个人的实际情况,灵活自主地从事体育锻炼。

体育锻炼可使人学会竞争、分享、合作和"遵守规则"。许多人从体育活动中学到的技能可转化为生活技能。勇敢、自我控制、尊重他人、爱护环境、树立目标、团结精神、耐心、成就感、自尊、不屈不挠和正义感,所有这些都可以从体育运动中获得。

综上所述,现代社会生活对体育的需求已经不仅是个体的需要,而且是整个社会的需要;不仅是提高社会生产的需要,而且是保证人体健康发展和人类正常生命活动的需要。可以说现代社会生活不能没有体育,体育是现代社会生活不可分割的一部分。同时,体育不仅是一种身体教育活动,而且是形成所希望的个性和社会生活特征的重要途径,同时还给个人和社会带来众多好处。

三、体育的功能

体育在促进人体生长、发育、发展,防止疾病和延续生命、减缓衰老等方面具有不可替代的作用。体育功能是指体育在社会发展和人的自我完善的过程中所表现出来的价值。随着社会的进步和发展,体育自身的规律与其他各种现象之间的关系不断被揭示,体育的功能进一步被认识、被开发,体育本身也从具有单一的健身功能拓宽到一个多目标的综合性新兴科学。体育的功能是多方面的,如教育功能、政治功能、经济功能、健身功能、娱乐功能等。

(一)教育功能

体育是文化教育的重要组成部分,是培养和造就全面发展各类专业人才的重要内容和手段。它传播体育知识、技术和技能,提高学生体育的理论水平,在学校的体育教学中,体育与德育、智育相结合,可以促进形成健康文明的体育观念、竞争进取的行为品格。

现代体育文化教育,不仅为利用身心参与过程提供有利条件,促进生长发育,增强学生体质,掌握必要的运动技能,获得基本的体育健身基础理论知识和良好的组织纪律性,而且还有助于学会科学的锻炼身体的方法,提高体育实践能力,培养终生体育兴趣,养成体育锻炼习惯,改进生活习惯,提高生活质量。

体育运动竞赛具有群众性、国际性的特点。在国际比赛中,每当运动员取得冠军,赛场上奏起国歌,升起国旗时,举国欢庆,全民振奋,从而激发起全民族的爱国热情,使得体育竞赛超越了本身的价值,产生了不可估量的教育作用。

(二)政治功能

体育具有超越语言和社会障碍的国际交往功能。体育为促进各国人民的相互了解和友谊,在国际体育技术交流中起了重大作用,它的兴衰直接反映着社会的发展,它的荣辱直接反映着国家和民族的尊严。在国际比赛中,比赛的胜负往往直接影响着一个国家的民族情绪和国际地位。在第 23 届奥运会比赛的第一天,许海峰勇夺首枚金牌,为中国实现了奥运会金牌“零”的突破,极大地提高了我国的国际威望,使海内外中华儿女扬眉吐气,振奋了民族精神,鼓舞了国人士气,增强了民族自信心和自豪感。

长期以来,人们把体育视为一种文化交往的手段。20 世纪 70 年代,中美两国乒乓球队互访,打开了两国建交的大门。被世界誉为“小球推动大球”的“乒乓外交”,在世界外交史上留下了光辉的一页,至今仍被人们传为体育外交的佳话。体育比赛作为新世纪最广泛的国际文化交流活动,为促进世界各国人民之间的了解和友谊,加强国与国之间的文化交流和合作,在缓和国际关系、创造和平氛围、打开外交通道等方面发挥着积极的作用。

(三)经济功能

在现代生活中,旅游体育、娱乐体育、家庭体育等名目繁多的新项目应运而生,促进了体育大踏步地走向生活、进入家庭,促进了社会体育消费、体育用品、练习器材、场地设施等产品的极大发展,创造了更多的经济价值,作为第三产业在商品经济中迅速发展。体育服装、体育广告、器材、食品、旅游等综合服务都能获得可观的经济收入。在国际体育运动中,体育的经济目的已成为最大特点之一。美国旅游业商人用经营商业的方式经营第 23 届奥运会,最后获利在 1.5 亿美元以上。1988 年汉城奥运会使韩国产品销售额达 54 亿美元,国民经济收入增加了 29 亿美元,产生了巨大的经济效益。2008 年奥运会,为经济投资市场提供了广泛商机，大批国际体育经营和管理公司纷至沓来，国内的体育产业范围也在不断拓宽。除了极具魅力的体育产业外，由于健康已成为中国百姓最关心的事情，全国健身热潮的持续升温，使群众体育锻炼和休闲体育的市场展现出了不可估量的庞大需求。体育产业在中国国民经济中的地位将进一步提升，对推动中国经济在新世纪继续保持增长发挥越来越大的作用，从而促进我国改革开放和经济事业不断向前发展。

（四）健身功能

"强身健体"是体育最本质的功能。所谓"健身"就是健全体魄，增强体质。体育以身体运动为基本表现形式，并通过身体运动锻炼的多次重复过程，对各器官系统产生一定强度和量的刺激，使身体在形态结构、生理机能和生化等方面发生一系列的适应反应，由此对机体产生积极影响，促进身体健康发展和增强国民体质。

体育锻炼对促进人民健康的作用主要表现在改善和提高中枢系统的工作能力和对内脏器官的调节作用，使各器官系统灵活协调，从而提高机体的工作能力，促进机体的生长发育，提高运动系统的功能，可使管状骨变粗，骨质增厚，骨骼结实，抗压性强，肌肉工作加强，血液供应增加，蛋白质营养物质的吸收与储存能力增强，使肌纤维增粗，肌肉粗壮、结实、有力，提高人体对外界的适应能力，改善内循环系统，促进身体发展，增强人的体质。

体育锻炼对一个人的精神状态有着至关重要的作用，因为通过各种体育锻炼可以增强意志，催人奋进，培养集体观念，加强组织纪律，协调人际关系，从而促进心理调解能力的提高，有利于排除各种不健康的心理因素，使个体在和谐统一的环境中获得欢快和轻松的心情，最终达到精神健康的目的。

（五）娱乐功能

随着生产力和人民生活水平的不断提高，人们的生活方式也产生了显著的变化，人们为了享受生活，体育的娱乐功能有了更广泛的发挥。人们结合自己的兴趣，参加一些个人喜爱和擅长的体育运动项目，以达到松弛神经、调节心理、满足精神生活的需要，起到丰富文化生活、愉悦身心的作用。人们在休闲时欣赏精彩体育比赛，具有德、智、体、美的高度统一性。赛场上跌宕起伏的戏剧性，稍纵即逝的机遇性，激烈的对抗性，胜败的悬念性，音乐、色彩及力与美的协调性，以及运动员与观众之间的情感共性等特点，使体育具有极大的魅力和刺激，常使人们在欣赏时如醉如痴，使人们由于工作和劳动带来的紧张、疲劳得到积极有益的调节。所以说，体育是一种积极、健康的娱乐方式，可使人们在和谐的氛围中获得精神快感，情绪得到释放，情感得到净化，从而充分享受生活的乐趣。

四、体育与人的素质发展

素质教育是指通过教育途径，充分发挥人的先天素质条件，提高人的各种素质水平，使人得到全面、和谐的发展。

素质教育是指按照人与社会发展的实际需要，遵循教育规律，面向全体学生，全面培养受教育者高尚的思想道德情操，使他们学习丰富的科学文化知识，提高身体和心理素质，以发展较强的实践和动手能力与审美能力及健康个性为宗旨，全面提高教育质量，培养合格人才。体育为素质教育服务，是具体的、可操作的。

（一）通过体育运动发展体能素质

体能是指身体素质和身体的基本活动能力，通常是指速度、力量、耐力、灵敏和协调性，身体素质是掌握运动技术，提高运动成绩及增进健康的基础。提高学生身体素质是开发学生体能的重要内容，同时也是学生智能开发的一项重要措施，一个身体素质好，动作协调的学生往往就是一个思想活跃、头脑聪明的学生。

人除了这几项基本的身体素质外，必须具有奔跑、投掷、跳跃、攀爬、抬举等生活能力，还应有适应环境变化的能力和对疾病的免疫力，如环境的高温严寒变化、高空作业、颠簸失重的动态变化等。具有这些体能素质的社会公民才能作为生产力，才能向自然挑战，参与社会竞争。

（二）通过体育运动提高心理素质

体育运动是增强体质、促进身心健康的有效措施。保持乐观、进取的生活态度，正确对待生活中不可避免的困难和挫折，充分发挥自己的认识能力，对人的一生来说非常重要。积极主动地参与体育活动，可以改善人体对环境的适应能力，控制情感情绪，协调人际关系，预防和治疗生理疾病，是促进心理健康的重要途径。

1.保持完整和健康统一的人格品质

人格是指人的性格、气质、能力等特征的总和,人格完整是指构成人格要素的气质、能力、性格和理想、信念、人生观等各方面平衡发展。心理健康的人所思、所言、所做协调一致,有积极进取的人生观,并能将其运用到生活的各个方面,如:公平竞争、协调合作、遵法守约、宽容大度、扶助弱小等,这些都能锻炼优良的人格素质。

2.保持和谐的人际关系

在不同环境中有良好的心理适应能力与和谐的人际关系,能正确地认识环境以及处理个人和环境的关系;有积极的处世态度,与社会广泛接触,对社会状况有较清晰正确的认识;能适应社会文化的进步趋势,勇于改造现实环境;能使自己的思想、行为与社会协调一致,从而达到自我实现与社会奉献的协调一致。

保持和谐的人际关系是心理健康必不可少的条件,又是获得心理健康的重要途径,人际关系和谐的人乐于与他人交往,能用尊重、信任、友爱、宽容、理解的态度与人相处。和谐的人际关系有助于充实人的体力和精力,发挥人的潜在能力,有利于身心健康。

3.培养竞争意识

竞争和开拓精神是现代人必备的素质,即对人生、对事业有追求,有理想,做事讲效率,知难而进,顽强拼搏,具有脚踏实地的奋斗精神,这些良好品格和心理素质的培养是学校责无旁贷的任务和本职工作。

(三)通过体育运动培养文化素质

体育文化,是通过体育运动而形成并集中体现出人类的力量、智慧与进取心等积极意识的总和,是体育运动的最高级产物。学校体育教育在潜移默化地培养和教育学生,从体育的竞争精神中充分调动学生争强好胜之心,培养学生的竞争意识和竞争能力。体育的超越自我、超越极限的精神培养了学生的自信心、自强心及自我意识,塑造了学生的个性,使学生在今后的工作和学习中不断进取,超越自我。体育的公平竞争精神,培养了学生忠实、坦诚、率直的品格,从而养成良好的社会行为规范。体育的胜利与失败培养了学生不屈不挠、勇于进取的优秀心理品质。集体项目的团结协作意识,提高了学生的凝聚力和集体意识,培养了学生的集体主义和爱国主义精神。运动场上的无畏拼搏,培养了学生不惧风险、勇于探索的开创精神。体育运动中的友谊培养了学生的美好情感，建立了良好的人际关系，通过尊重教师、尊重对手、尊重裁判而表现出优秀的品德和人格。体育教育对学生进行的体育文化素质的培育，正是学校体育教育功能的根本所在。

体育是一项强健身心的实践活动，如果没有科学文化的支撑很可能是盲目的活动，从而导致劳而无功，甚至起反作用。体育文化素质良好的学生更能在多功能的体育中获得更多的体育文化享受。现代社会的人无论如何都不能是一个体育盲。

体育文化素质包括：一般的人体知识；科学的生命观、人生观；人体身心发育发展的顺序和阶段性规律的知识；体育的含义和评价知识；选择身体锻炼项目和控制运动负荷知识；相关运动竞赛的观赏知识；运动卫生等。

不同的国家、民族对体育文化有着不同的看法和要求，所提倡的体育文化观念、文化理念以及运动员的价值都不尽相同，如东方与西方的体育文化在表现形态上都有不同的历史背景和文化内涵。但是，体育能够增强体质、获得技能、塑造品格、丰富生活、创造价值，这是大家所公认的。

第二节 健康概述

一、健康的科学内涵

（一）健康的定义

健康的身体状态是确保生活品质与国家整体发展的基础条件。通常认为，一个人只要不生病、不打针、不吃药就是健康，这单指生理的健康，是古老的健康观，也是狭义的健康观。随着社会的进步与发展，人们对健康有了更加深刻和全面的认识，健康的定义包含多元化的层面，如健康管理、健康体适能、健康膳食、健康检查、不吸烟、排除心血管危险因子、药物控制、癌症预防、精神状态以及健康教育等，这就是多元的或广义的健康。世界卫生组织于1948年在其《组织法》中指出："健康不仅是没有疾病或不虚弱，而且是精神上、身体上和社会适应方面的完美状态。"

1.精神的健康

心理的健康是生理健康的基础,有健全的心理,才能有健康的身体。然而什么是健康的心理呢？在不同的社会与文化背景下,有不同的定义与主张,而就心理学与精神医学的观点而言,所谓心理的健康,应具有以下几点特征:①对自己有信心,对自己的人生抱有希望;②关心家庭,喜欢亲近他人或人群;③喜欢自己的工作,满意自己的成就;④保持广泛的兴趣与活动;⑤能发挥自己的潜在优点,也能利用机会;⑥知道自己的短处,也愿意接受他人的帮助;⑦能接受失败或挫折,并且愿意面对或接受痛苦;⑧能接受环境的变化,并适应它;⑨时时充实自己,促进自我成长与成熟;⑩享受人生,使自己的生活过得有意义。

心理的健康并非指超人的非凡状态,而是每个人都可以追求,都能变得正常的健康状况。其目的是避免出现心理疾病或情绪障碍,同时也能获取有意义与舒适的健康心理生活。

2.生理的健康

生理的健康,意指生理各组织器官功能的正常运转,目的是使生命得以延续。良好的生理健康,需要运动、环境及营养三方面的配合,也是维持与促进生理健康的必要条件,包括:①养成良好的生活习惯,如清洁、睡眠、饮食、运动及娱乐等;②按时接受疫苗接种;③定期接受健康检查;④戒除不良嗜好,如烟、酒等;⑤改善生活环境,如居住环境与工作环境之清洁、光线、通风、温度及湿度等;⑥创造生活能力。

3.良好的适应能力

适应是一种对生活环境的调适过程,细指个体与环境的互动关系。良好的适应能力(社会适应)应具以下三个基本条件:①适应行为能促使个人的需要获得满足,内在的紧张得以解除或缓和;②适应行为能够同时为他人所接受及社会所赞许;③适应结果可以促进个人未来之适应。

(二)影响健康的因素

影响身体健康的主要因素,大约可归纳为五个层面,每一层面不仅影响健康的状态,而且也互相影响,如图 2-1 所示。

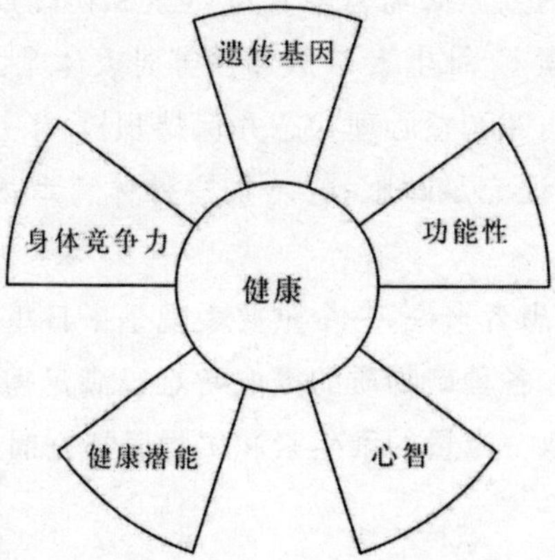

图 2-1　影响身体健康的因素

进一步分析认为，影响健康的因素主要分为内在因素和外在因素。

内在因素有：遗传的特性、年龄、性别、生活习惯、免疫力等。外在因素有：教育程度、经济因素、人口因素、环境因素、医疗服务品质和保健设施等。

(三)亚健康

1.亚健康概念

世界卫生组织认为：健康是一种身体、精神和交往上的完美状态，而不只是身体无病。根据这一定义，经过严格的统计学统计，人群中真正健康(第一状态)和患病者(第二状态)不足2/3，有1/3以上的人群处在健康和患病之间的过渡状态，世界卫生组织称其为“第三状态”，其也被称为“亚健康”状态，是非病非健康状态。这是一类次等健康状态(亚即次等之意)，是介于健康与疾病之间的状态，故又有“次健康”“第三状态”“中间状态”“游移状态”“灰色状态”等称谓。

2.亚健康状态表现

亚健康状态大体有以躯体症状为主的躯体亚健康状态，以心理症状为主的心理亚健康状态，以人际交往中的不良症状为主的人际交往亚健康及慢性疲劳综合征。

3.亚健康的调控

亚健康包含着前后衔接的几个阶段，其中，与健康紧紧相邻的可称作“轻度心身失调”，它常以疲劳、失眠、胃口差、情绪不稳定等为主要症状，但是这些失调容易恢复，恢复了则与健康人并无不同。从亚健康产生的原因我们可以看到，社会环境压力和人的自我调节能力是与亚健康密切相关的外部和内部因素。因此，要摆脱亚健康的困扰，应当做到以下五点内容：①保证合理的膳食和均衡的营养，其中也包括人体必需营养素维生素和矿物质；②人体不能合成维生素和矿物质，而维生素C、维生素B族和铁等对人体尤为重要，因此每天应适当地补充多元维生素片；③调整心理状态并保持积极、乐观的精神；④及时调整生活规律，劳逸结合，保证充足睡眠；⑤增加户外体育锻炼活动，每天保证一定运动量。

对绝大多数亚健康患者来说，一个重要表现是平日里运动少，饭量小，食物越来越精简，对维生素和各种矿物质的摄取常难以满足需要。为了尽快摆脱亚健康状态，建议每日摄取一定量的维生素和矿物质补充剂。

二、健康管理

（一）健康管理概述

1. 健康管理的概念

世界卫生组织于1948年在《组织法》中指出："健康不仅是没有疾病或不虚弱，而且是精神上、身体上和社会适应方面的完美状态。"健康管理是依据此定义，在管理学理论和方法指导下，综合多个相关学科的理论和方法进行的，旨在提高社会健康意识，改善群体健康行为，提高个体生活质量的有计划、有组织的系统活动过程。简单地说，是指一种对个人或群体的健康危险因素进行全面管理的过程。

健康管理的基本思想是：有病早治，无病早防，预防为先，最终目的在于降低个人健康风险和疾病发生率，及早发现疾病，提高临床疾病治愈率和降低死亡率，合理配置社会资源、降低国家医疗费用，全面提高个人、社区的健康水平和生活质量。目前，健康管理主要运用于慢性病的防治与管理。实践证明，健康管理不仅带来了巨大的社会效益，如疾病负担、群体精神压力的减轻。而且，通过健康管理系统收集和积累的个人健康信息，可以为卫生部门研究疾病的趋势和原因，制订医疗卫生政策和策略提供十分重要的数据。健康管理确实是一种行之有效的方法。

2. 健康管理的内容

健康管理的理论涉及医学、行为科学、管理学、经济学、营养学、社会学、教育学、体育学、传播学等多个学科的基本理论和基本原则。它的基本内容包含以下八点：①健康调查；②讲课检查诊断活动；③检查诊断后的对策；④健康干预；⑤健康增进活动；⑥健康教育；⑦个人健康管理日记；⑧效果分析。

（二）健康自我管理

健康自我管理是在系列健康教育课程帮助下，掌握健康生活方式的基本知识和管理技能，充分利用各种社区资源，通过个人的努力对自身不良的行为和生活方式进行校正，降低健康危险因素，提高健康水平的自我管理活动。因此通过健康自我管理活动促进健康，提高生活质量就显得更为重要。

健康自我管理的内容包括健康评估、健康计划、健康计划监督反馈、社会支持四个方面。

健康自我管理的基本技巧主要有：①做积极的自我管理者；②尝试一步一步地完成某一行动；③注意学习他人的经验；④积极寻求他人的理解和支持；⑤及时消除不良情绪，保持积极向上的情感状态。

解决问题的技巧主要有：①找出问题；②列出解决问题的办法；③选择一种方法尝试；④评价尝试的结果；⑤用另一种方法代替第一种效果不佳的方法，继续尝试；⑥进一步寻找社会支持；⑦接受现实，此问题可能目前无法解决。

制订计划的技巧主要有：①决定自己要做的事并拟订要达到的目标；②分解目标，寻找可行的方法和途径；③制订短期行动计划；④执行行动计划；⑤检验执行结果；⑥进行中期调整（解决问题）；⑦及时奖励自己。

与医生交流的技巧是按 P＋A＋R＋T 的模式，即按照 P——准备、A——询问、R——复述、T——行动四个步骤来进行。

（三）健康体适能

健康是人类社会的宝贵财富，是人类生存和发展的重要保障。而具有良好的体适能是人类健康的最重要的标志，是人类享受生活、提高工作效率和增强对紧急突发事件应变能力的重要物质基础。健康体适能是体适能的重要组成部分，主要由身体成分、心肺适能、肌肉力量、肌肉耐力和柔韧性等与人体健康密切相关的要素组成。健康水平高低受遗传、营养、环境和运动等多种先天和后天因素的影响，而运动是发展体适能和增进健康最为积极和有效的手段之一。越来越多的科学实验研究还发现，缺乏运动是当代人类健康的四大隐患之一，而经常运动能够明显增强心脏功能，预防心血管疾病。能够有效改善血管弹性，减少患高血压、高胆固醇症和肥胖症等疾病的危险。能够在一定的程度上改善机体免疫功能，提高机体的抗病能力，减缓机体的衰老速度。运动还有助于改善糖尿病、骨质疏松、关节炎、精神紧张、焦虑和抑郁等身心疾病的病情。

体适能一词来自英文“physical fitness”，一般是指身体适应能力或者完成身体运动的能力。但是，作为一个科学概念，体适能有着自己特定的内涵。健康体适能包含身体成分、心血管适能、肌肉适能（肌肉力量和耐力）、柔软性等。

第三章 全民体育健身的科学理论与基本方法

当前，人们对体育健身的关注度逐渐提升，因此，对全民体育健身的了解和认识就成为人们的愿望之一。通过全民体育健身锻炼能够有效提升人们的身体素质水平，有效保证人们的健康，意义重大。因此，了解和掌握全民体育健身的相关理论和基本的方法手段是非常重要且必要的。本章主要对全民体育健身的科学理论基础、基本原则、常用手段与方法以及不同季节的体育健身方略进行分析和阐述，由此能够为人们更好地了解和参与到全民体育健身活动中提供科学的基础和指导。

第一节 全民体育健身的科学理论基础

全民健身在当下已经成了一项较为普遍的社会活动，它对于目前我国的社会主义精神文明建设及伟大“中国梦”的实现都具有重要意义。全民健身的倡议意图惠及每一个社会人，而要想做到这点，就需要使人们对全民健身所涉及的相关科学理论基础有所了解。本节就重点对其中的生理学、心理学和运动学基础进行分析。

一、全民健身运动的生理学基础

（一）全民健身的新陈代谢基础

1. 糖代谢

糖是人体十分重要的供能物质之一。人体摄取了植物或动物性食物中的糖质，在消化酶的作用下，转变为可以被人体吸收的葡萄糖分子（果糖可直接被吸收，不需经转变），经小肠黏膜的上皮细胞葡萄糖运载蛋白转运进入血液，成为血液中的葡萄糖，即血糖。血糖可以合成糖原，成为大分子的糖。在肝脏中合成并储存的糖称为肝糖原，在肌肉中合成并储存的称为肌糖原。另外，肝脏还可以将体内的一些非糖质物质，如乳酸、丙氨酸、甘油等合成葡萄糖或糖原，这一过程被称为糖的异生作用。人体合成糖原和糖异生的过程共同组成了人体中糖的合成代谢。

体内的糖原和葡萄糖通过糖酵解过程、有氧氧化过程、戊糖磷酸途径、乙醛酸途径等进行分解代谢。糖分解代谢过程释放的能量为肌体的运动提供能量需要。

在全民健身训练中，肌肉中腺苷三磷酸（ATP）、磷酸肌酸（CP）下降，肌糖原无氧分解功能增强，肌细胞内 Ca^{2+} 含量增多。一些激素也会发生变化，如生长激素、甲状腺激素、雄性激素、儿茶酚胺等，进而不断作用于肌细胞，使肌细胞不断地产生适应性变化。因此，在系统的训练之后，运动中消耗的 ATP、CP 和肌糖原，在练习后的恢复期可出现超量恢复，可使肌肉中 ATP、CP 和肌糖原含量增加，提高 ATP 的无氧再合成的速率，使肠激酶（EK）、磷酸果糖激酶（PFK）、磷酸化酶等活性增大。

总之，在正常情况下，人体内糖的分解和合成保持动态平衡。运动过程中，糖作为能源物质分解代谢供能，运动后的恢复期或长时间运动过程中，肌体又可以重新合成糖作为能源。在健身运动中，当氧供应充足的情况下，肌体的肌糖原或葡萄糖被彻底氧化分解成 H_2O 和 CO_2，并释放大量能量的过程，称为糖有氧代谢。可简单表示为：

$$\text{骨骼肌糖原或葡萄糖} \xrightarrow{\text{有氧氧化}} ATP + CO_2 + H_2O$$

2.脂代谢

脂肪是人体基本的能源物质之一，是以有氧代谢为主的运动中的主要能源物质，人体摄入的脂肪主要来自动物脂肪和植物油。脂代谢与人体健康密切相关，有规律、有计划的健身运动对于改善肌体的脂代谢状况、预防和治疗心血管疾病等有积极的作用。

脂肪具有疏水性质，需要借助肌体自身的以及随食物摄入的各种乳化剂，形成乳浊液后，脂肪才能在体液的水环境中被酶解。因此，脂肪的吸收和转运过程比糖复杂。脂肪在人体被消化后主要形成甘油、游离脂肪酸和单酰甘油，还有少量的二酰甘油和未经消化的三酰甘油。

脂肪的吸收主要有以下两种方式：一种是小肠上皮细胞直接吞饮脂肪微

粒；另一种是脂肪微粒的各种成分分别进入小肠上皮细胞，在细胞内，进入的脂肪分解产物又重新合成脂肪，形成乳糜微粒。乳糜微粒和分子较大的脂肪酸最后转移进入淋巴管，甘油和分子较小的脂肪酸可溶于水，在吸收后扩散进入毛细血管。因此，脂肪的吸收有淋巴途径和血液途径两种，但以前者为主。人体吸收的脂肪主要储存在脂肪组织内，如皮下、大网膜、肌肉细胞中等。人体的脂肪还可以通过以下方式转化储存，如合成磷脂、成为细胞膜的组成成分；合成糖脂，成为细胞膜和神经髓鞘的组成成分；合成脂蛋白存在于血液中。

脂肪分解代谢产生的能量可用于多种生命活动过程，是长时间中低强度运动的主要供能物质。人体内储存的脂肪作为细胞燃料参与供能只能通过有氧代谢途径，脂肪的分解代谢首先是脂肪分解成甘油和脂肪酸，其次是甘油和脂肪酸再进一步分解成二氧化碳单位，最后生成 CO_2 和 H_2O。脂肪的有氧氧化过程可简单表示为：

$$\text{脂肪}\xrightarrow{\text{有氧氧化}}ATP+CO_2+H_2O$$

3.蛋白质代谢

蛋白质是人体生命活动的重要组成部分，也是人体重要的能源物质之一，与肌体运动之间存在非常紧密的联系。蛋白质虽不像糖和脂肪一样，可直接提供运动所需的能量，但蛋白质分解代谢过程中能产生许多物质，对糖和脂肪的供能有着重要的作用。

蛋白质的合成要经历一个复杂的过程。首先，蛋白质按照 DNA 模板上核苷酸排列顺序转录成 mRNA(携带遗传信息的能指导蛋白合成的一类单链核糖核酸)。其次，以接收了 DNA 遗传信息的 mRNA 作为蛋白质生物合成的直接模板，在 tRNA(具有携带并转运氨基酸功能的一类小分子核糖核酸)、rRNA(核糖体 RNA)的共同参与下，按 mRNA 上核苷酸的排列顺序翻译成蛋白质中氨基酸的排列顺序。参与蛋白质合成的氨基酸有 20 种，它们又可称为蛋白质氨基酸。

蛋白质的分解较为简单。首先，蛋白质分子在消化液作用下分解成其基本单位——氨基酸，然后被小肠主动吸收，几乎全部通过毛细血管进入血液。其次，氨基酸再经脱氨基作用等代谢过程，最终生成氨、CO_2 和 H_2O。氨基酸在分解代谢中释放的能量可提供运动中的能量需要，但和糖、脂肪相比，氨基酸分解所供应的能量占人体运动时消耗总能量的比例较低。

肌体在参与健身运动的状态下，蛋白质代谢的变化主要体现在肌体对氨基酸利用率的增加和体内各种酶蛋白的合成速度加快。酶含量的增加有利于肌体的恢复及物质合成能力、免疫力和肌体适应能力的提高。在长时间大强度运动中，即使当食物中供糖不足或糖被大量消耗后，蛋白质供能也只占总耗能量的15%～18%。一般，在1 h的健身运动中，肌体能量总消耗中蛋白质供能的数量仅占4.4%。因此，无论人体是安静还是运动时，蛋白质供能代谢都不是能量的主要来源。但是，蛋白质的分解代谢和合成代谢平衡是维持人体生命活动的基础。

4.其他物质代谢

(1)水代谢。水是人体主要的组成成分，是生命存在的基本条件，是各种生理机能的基础。水虽然不能直接产生能量，但它与能源物质的代谢有紧密的关系。

人体内的水主要从外界摄取。食物中的水分主要在小肠中被吸收；大肠可吸收通过小肠后余下的水分；胃吸收的水很少。水在肌体的细胞中以两种形式存在：一种是游离水，占95%，参与形成细胞内液和细胞外液；另一种是结合水，通过氢键或其他键同蛋白质、糖原分子等结合，占4%～5%。随着细胞的生长和衰老，人体细胞的含水量会逐渐下降。

人体内的水是进行生物化学反应的场所，人体内的水具有参与体温调节、起到润滑等作用，并与体内的电解质平衡有关。正常人每天水的摄入和排出处于平衡状态。参与运动时，人体内的水会随着出汗量的增多而迅速流失。一次大的运动负荷(如一场足球比赛)可以导致人体失水2～7 L，水丢失严重时即形成脱水，会不同程度地降低运动能力。因此，运动员在参加全民健身运动的过程中，要及时而适量地进行补水。

(2)无机盐代谢。无机盐在人所摄入的食物中大量存在。一般单价碱性盐类，如钠、钾、铵盐被人体吸收得很快；而多价碱性盐类被人体吸收得很慢。凡能与钙结合而形成沉淀的盐，如硫酸盐、磷酸盐和草酸盐等，不能被人体吸收。如3价的铁离子不易被吸收，维生素C可使高价铁离子被还原为2价的亚铁离子而促进其吸收。钙的吸收需要维生素D的存在，钙盐在酸性环境下溶解得较好，被吸收得较快。

无机盐在人体内主要以磷酸盐的形式作为结构物质存在于骨骼中(如钙、

镁、磷元素等)作为结构物质,其他少量的无机盐(如钙、镁)以离子形式存在。

无机盐在体液中解离为离子,称为电解质,具有调节渗透压和维持酸碱平衡等重要作用。体液中主要的阳离子有 Na^+、K^+、Ca^{2+}、Mg^{2+} 等;主要的阴离子有 Cl^-、$HPO_4{}^{2-}$、$HCO_3{}^-$ 等。这些物质在人体的细胞代谢活动中具有十分重要的作用。

(3)维生素代谢。维生素是维持人体生长发育和代谢所必需的一类小分子有机物。人体内不能合成维生素,虽然人体对维生素的需要量每天仅以毫克或者微克计算,但必须由食物供给。它们在结构上没有共性,一般根据溶解性质分为水溶性维生素和脂溶性维生素。水溶性维生素主要包括维生素 B_1、维生素 B_2、维生素 B_6、维生素 B_{12}、维生素 C、维生素 PP(烟酸)、叶酸和烟酰胺等;脂溶性维生素主要包括维生素 A、维生素 D、维生素 E、维生素 K 等。维生素不是组织细胞的结构成分,也不能直接提供能量。但它们对能量代谢及其调节过程有着重要的作用。

在人体中,大多数维生素都会参与辅酶的形成,因此维生素缺乏会影响酶的催化能力,引起代谢失调,从而降低肌体运动能力。但是,在体内不缺乏维生素时,过量摄入维生素并不会提高运动能力。

(二)全民健身的供能系统

1. 磷酸原系统

(1)ATP。化学能是人体进行活动的能量基础,腺苷三磷酸(ATP)直接供给肌肉活动使用的化学能。ATP 是肌肉活动唯一的直接能源,也是人体其他任何细胞活动的直接能源,主要储存在细胞中,其中以肌细胞最多。ATP 水解的放能反应可以为各种需要能量的生命过程供能,完成各种生理功能。如肌肉收缩、生物电活动、物质合成及体温维持等,如图 3-1 所示。

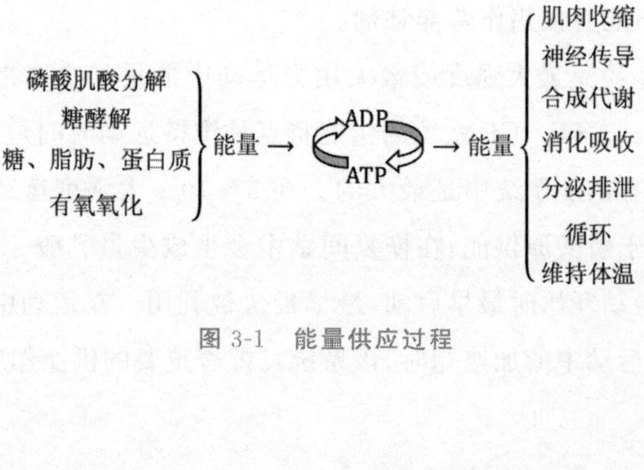

图 3-1　能量供应过程

ATP是由一个腺苷大分子和三个较简单的磷酸根组成的，后两个磷酸根上有“高能键”。“高能键”储有大量化学能，故ATP又称为高能磷化物。在进行化学作用时，ATP末端的磷酸键断裂，便释放出能量，使细胞做功或完成其生理功能。ATP是人体内瞬时能量的供体，而不是能量的贮存形式。运动时，肌肉内ATP分解直接供能，这是人体内能量代谢的中心环节。人体在运动时，贮存在肌纤维中的ATP在ATP酶的催化下迅速分解为二磷酸腺苷(ADP)和无机磷(PI)，释放能量，牵拉肌丝滑动，使肌纤维缩短，完成做功。ATP在人体肌肉中的储量较少，因此在参与全民健身运动时，ATP须边分解边合成，这样才能不断满足肌肉活动的需要，使活动得以坚持。实际运动的时候，ATP一被分解就立刻再合成。根据运动训练的情况，能量来源有三个方面：①磷酸肌酸分解；②糖原酵解；③糖和脂肪及部分蛋白质氧化。

(2)CP。CP是人体的肌肉细胞内一种叫作磷酸肌酸的物质，它也是一种高能量化合物。磷酸肌酸分解会释放出能量用来重新合成ATP。磷酸肌酸在人体内的储存量也极为有限，人体全身的肌肉内只有450～510 mmol磷酸肌酸。另外，重新合成磷酸肌酸，也要用上ATP被分解时所释放出来的能量，这个过程需要在运动后人体处于恢复状态时才进行，不会在运动训练的当时进行。这是因为磷酸肌酸在极高强度肌肉活动中被消耗殆尽，等到运动结束后才能恢复。

(3)ATP—CP系统。由于磷酸肌酸既能迅速分解放能，又不需氧，不产生乳酸，所以它与ATP一起在供能系统中称为磷酸原系统，即ATP—CP系统。ATP—CP系统并不需要把氧气输送到肌肉中才能运作，所需的能量物质也早已储存于肌肉细胞之中，而且其反应涉及的化学反应相对较少，因此ATP—CP系统是人体内最迅速的能量来源。磷酸肌酸和ATP因为其分子过大，不能被人体吸收，所以不能直接用作营养补剂。

ATP—CP系统是最大强度或最大用力运动中能量的主要来源，且供能的最大输出功率高。ATP—CP系统的供能特点是维持运动时间短，常为5～8 s，但输出功率在所有供能系统中是最大的。在5～10 s大强度运动时，能量的供应几乎全部来源于磷酸原供能，在恢复间歇中会生成少量乳酸。磷酸原在肌肉中贮量很少，在运动开始时最早启动，最早最快被利用。在运动中，如篮球中的快速投篮和足球运动中的加速跑时，该系统发挥着重要的供能作用。

磷酸原供能系统训练最重要的是掌握休息间歇时间。如果间歇时间太短，磷酸原恢复量少，则重复运动时的部分能量由糖酵解提供，使血乳酸水平明显上升，不利于磷酸原供能能力的发展。反之，休息间歇时间过长，磷酸原虽能完全恢复，但是根据运动训练学的超量负荷原则，训练密度不足以刺激磷酸原，不利于磷酸原系统的供能能力的提高。

2. 糖酵解系统

当肌体运动持续的时间在 10 s 以上且强度很大时，磷酸原系统能供给的能量就难以达到肌体所需。这时，以支持运动所需的 ATP 再合成的能量就不能靠磷酸原系统供给，而是主要靠糖原酵解来提供。

糖酵解的原料是肌糖原，肌糖原在把葡萄糖分解成乳酸的过程中生成 ATP。在氧供应充足时，这些产生的乳酸一部分在线粒体中被氧化释放能量，一部分合成肝糖原。乳酸是一种强酸，其在体内积聚过多会破坏内环境的酸碱平衡，使肌肉工作能力下降，造成肌肉暂时性疲劳。这样一来依靠糖原无氧酵解供能也只能使肌肉工作持续几十秒钟。无氧酵解供能时，不需要氧，但产生乳酸，故称乳酸能系统。其重要意义是在缺氧情况下仍能产生能量，以供体内急需。

人体在氧供应不足的条件下，骨骼肌糖原或葡萄糖酵解，生成乳酸并释放出能量合成 ATP，用于补充在运动中消耗的 ATP，维持运动的继续进行。在无氧情况下，1 mol 或 180 g 糖原理论上可产生 2 mol 或 180 g 乳酸及 3 mol ATP。这种糖经过一系列代谢反应生成乳酸，并释放能量的过程，就叫作糖酵解途径或糖酵解供能系统，此过程是在细胞质中进行的一连串复杂的酶促反应，可简单表示如下：

$$\text{骨骼肌糖原或葡萄糖} \xrightarrow{\text{糖酵解}} \text{ATP} + \text{乳酸}$$

磷酸原系统和糖酵解系统供能过程都是不需要消耗氧的无氧代谢过程，它们构成人体运动时的无氧代谢供能系统，提供短时间人体进行大量运动时所需的能量。

3. 有氧氧化系统

人体在参与运动的过程中，当氧的供应充足时，运动所需的 ATP 便主要由糖、脂肪的有氧氧化来供能。有氧氧化能提供大量的能量，从而能维持肌肉较长的工作时间，这种有氧氧化供能系统称为有氧氧化系统。

一般情况，1 mol 糖原可以被完全氧化成 CO_2 和 H_2O，并产生 39 mol ATP，其要消耗 6 mol(134.4 L)的 O_2。也就是说，在有氧系统运作之下，以糖原作为燃料，每重新合成 1 mol ATP，人体便要摄取 134.4÷39＝3.45 L O_2。安静的时候可能要用 10～15 min，但剧烈运动只需要不到 1 min。

另外，脂肪和蛋白质也是有氧氧化系统的燃料。一方面，脂肪可以用作有氧氧化系统的燃料来重新合成 ATP。1 mol 棕榈酸经氧化后能够产生 130 mol ATP。要完全氧化 1 mol 棕榈酸，人体要摄取 23 mol(515.2 L)O_2。因此，在有氧系统运作之下，以脂肪作为燃料，每重新合成 1 mol ATP，人体便要摄取 512.2÷130＝3.94 L O_2，这比用糖原作为燃料时消耗约多 15％的 O_2。另一方面，一般在身体处于饥饿、糖原消耗殆尽或非同寻常的耐力项目(如足球比赛)中，蛋白质常用作有氧氧化系统的燃料来重新合成 ATP，否则蛋白质对提供热量作为肌肉活动的贡献很少。

与无氧系统相比，有氧系统在 ATP 的总生产量上是难以估计的。不过单从糖原方面计算，人体全身有肌糖 390～450 g，肝糖 80～100 g，血糖 5～6 g，人体内糖原的总存量为 475～556 g，共可产生 102.9～120.5 mol ATP，即相当于 4305.3～5041.7 kJ(1029～1205 kcal)热量，这是相当庞大的能量。另外，氧系统在大量合成 ATP 之外不会产生导致疲劳的代谢产物，所以是人体处于安静状态时供能系统的最佳选择。

在健身运动过程中，磷酸原系统和乳酸能系统都供应能量，但 ATP 和磷酸肌酸的最终合成以及糖酵解产物乳酸的消除却要通过有氧氧化来实现。所以，肌肉活动所需能量的最终来源是糖和脂肪的有氧氧化。人体中磷酸原系统供能的绝对值不大，维持的时间很短，但是能在短时间内快速作用，如篮球运动和排球运动中的跳、投等需要在几秒钟内完成的运动，全部靠该系统的储备为主要能源。

当然，运动员在进行不同的健身项目时，主要由一个供能系统完成供能任务，但是，整个供能任务不可能只靠一个供能系统就能够完成，而是需要两个甚至三个供能系统共同完成。每个供能系统都有其独特的特点和供能能力。要想使体能训练的效果达到最佳，就必须充分、合理地利用好这三大供能系统，以取得最佳的训练效果，如表 3-1 所示。

表 3-1　三大供能系统的特点

供能系统	能源物质	输出功率	供能时间
ATP—CP 系统	ATP、CP	最大	最大为 6～8 s
糖酵解系统	肌糖原、血糖	约为 ATP—CP 系统的 50%	30～60 s 达最大，可维持 2～3 min
有氧氧化系统	肌糖原、血糖	约为糖酵解系统的 50%	1～2 h
	脂肪	约为糖酵解系统的 20%	理论上无限

(三)全民健身的生理学原理

1.超量恢复原理

生理学认为，超量恢复是人体在运动后出现能量物质代谢适应的一种机能状态。

首先，人体在活动过程中，肌体所承受一定的负荷量会引起体内物质能量比较强烈的消耗，促使异化作用加强。

其次，人体在运动结束后，身体处于恢复阶段，肌体的能量物质消耗后却能刺激和导致蛋白质的更新，以此来恢复肌体的工作能力。

在整个完整的运动及恢复周期中，肌体的恢复不是简单的抵偿能量的消耗，而是进行超量代偿，使肌体的机能水平的恢复和工作能力的表现在一段时间内超过原有的水平。在经过一段时间锻炼后，通过增加负荷量对肌体进行新的刺激，从而不断打破肌体机能旧的平衡，使肌体逐渐在新的基础上建立起新的平衡，最终的结果就是人的健康水平和运动能力不断获得提高。

2.肌肉运动原理

根据用力方式和效果的不同，可将肌肉运动分为动力性运动和静力性运动两种形式。具体如下。

(1)动力运动(等张收缩)。肌肉收缩产生的力使关节位置改变，肌肉长度发生变化，这类运动称为动力性运动。动力性运动具体又可细分为向心和离心运动两种。

第一种，向心运动，主要表现为肌肉收缩克服阻力，肌力大于阻力，使运动环节朝肌肉拉力方向运动。

第二种，离心运动，主要表现为肌肉在阻力作用下逐渐被拉长，阻力大于肌力，使运动环节朝肌肉拉力相反方向运动。

(2)静力运动(等长收缩)。肌肉持续收缩,但长度不变,从而使关节在某种位置上固定以维持一定姿势的运动,称为静力运动(工作)。肌肉的静力运动又可细分为支持工作、加固工作和固定工作三种。

第一种,支持工作,指位于关节某一侧的肌肉持续收缩,以平衡阻力矩,使关节保持一定姿势的工作状态。

第二种,加固工作,指位于关节周围的肌肉同时持续收缩,以对抗关节由于外力牵拉作用而分离的工作状态。

第三种,固定工作,指关节运动轴两侧相互对抗的肌肉同时持续收缩,使关节保持固定的工作状态。

(3)肌肉工作的杠杆原理。人体在运动中完成的任何动作都是以骨为杠杆、关节为支点、肌肉收缩为动力来完成的。从力学的角度来讲,肌肉工作是完全遵循杠杆原理来进行的。

在人体的运动中,肌肉工作的杠杆具有三个点:支点、力点和阻力点。其中,由支点至肌拉力作用线的垂直距离,称为拉力臂;肌拉力与拉力臂的乘积为肌力矩;阻力与阻力臂的乘积为阻力矩;肌力矩和阻力矩分别表示肌力和阻力对骨杠杆所产生转动作用的大小。

在肌肉工作中,肌力矩和阻力矩的关系大致有以下三种情况。

第一种,肌力矩等于阻力矩,肌肉做静力工作。

第二种,肌力矩大于阻力矩,肌肉做向心工作。

第三种,肌力矩小于阻力矩,肌肉做离心工作。

3.人体适应性原理

适应是生物的基本特征,是生物生存的基本条件。任何生物,如果不能适应就不能生存。当生物生存的环境(自然的、社会的)发生变化时,生物有机体能产生一种变异来适应它,这就是生物的适应。生物通过遗传保持特征,通过变异获得发展和进化。有机体在不断适应的过程中,一些常用的器官会发达起来,而另外一些不常用的器官则会逐渐退化。生物机体在形态、组织和机能方面的变化,能更好地适应环境的改变。上述“用进废退”的现象就是生物体不断进化的最基本的规律。

运动员长期参与健身运动,从而增强身体素质和运动水平,正是遵循生物进化和发展规律的结果。也就是说,运动员通过参加健身运动,使肌体承受运动负荷并逐步适应，然后再增加运动的负荷量，使肌体在高一级水平上再适应。在这一过程中，有机体将不断提高适应能力和改善各器官、系统的机能和性状，于是运动员的体质就不断得到了增强，运动成绩也不断得到提高。但是，一旦运动员停止运动，身体机能也将逐渐退化到一般水平或更差的状态。因此，运动员必须养成终身参与健身运动的良好习惯。

二、全民健身运动的心理学基础

(一)动机

种类丰富的健身运动都具有某个特质来吸引运动员参与。这种特质的核心就在于这些运动项目能使运动员在自己选择的活动中获得身心两方面的良好体验。为此，这种良好体验就成了运动员参与健身运动的动机。对于健身动机的激发，就成了提升人们参与健身活动的关键因素。

1. 动机的含义

动机是一种推动一个人进行活动的心理动力。当然，动机的作用不仅仅是诱发人的行为，还能维持人在动机诱发下的行为。动机是个体的内在过程，行为是这种内在过程的结果。以全民健身行为为例来说，减肥瘦身是他们参加健身活动的动机，而这一动机的强弱又决定了他们坚持健身活动的时间。

因此，可以总结出动机具有以下三个作用。

第一个诱发作用，动机的诱发作用可推动、激励人的活动。

第二个指向或选择作用，动机具有促使人做出选择的作用。

第三个强化作用，动机有决定人的行为程度的作用，即一个人为了完成某项目标，愿意为之付出多大努力的程度。举例来说，为了维持苗条的身材，有的人可以坚持三年系统健身训练，但有些人只能坚持三个月甚至更短的时间。

2. 动机的条件

动机是诱发人的行为并决定其行为持续程度的关键因素。然而，动机的产生也需要内外部条件的完备。

(1)内部条件。引起动机的内部条件是“需要”。这里所谓的需要，是指个体因对某种东西的缺乏而引起的内部紧张状态和不适感，进而由此引发的人的活动。简单来说，从动机的内部形成来看，它是由需要产生的。例如，自小体弱多病的人开始关注自身健康的需要，于是决心长期参加体育健身活动等。

(2)外在条件。引起动机的外在条件是“环境”。这里所谓的环境，是指个人以外的各种刺激。这种刺激可以来自生物性的，也可以来自社会性的。例如，一个人经常听身边的人议论说经常服用营养品不如经常参加运动，经常被这种舆论影响后，这种来自外部的环境也可能会促使这个人开始改变过去的习惯而去参加运动健身。

3.动机的分类

动机的种类很多，为了便于分析和研究，可以根据不同标准进行划分。

(1)以需要的性质为标准进行分类。

①生物性动机。生物性动机以满足生物性的需要为基础的动机。例如，温饱需要和安全需要等。通常这种需要都属于低层次的需要属性。

②社会性动机。社会性动机以满足社会性需要为基础的动机。例如，自尊和爱的需要以及自我价值实现的需要。从需要层级上来看，这些都属于高层次的需要。

(2)以兴趣的特点为标准进行分类。

①直接动机。直接动机以直接兴趣为基础，指向活动过程本身的动机。例如，一些运动员本身就对运动有着浓厚的兴趣，因此只要参加运动就能从中获得良好的身心体验和巨大的满足。

②间接动机。间接动机以间接兴趣为基础，指向活动的结果的动机。例如，一些运动员参加运动的目的并非对运动本身感兴趣，而仅仅是希望利用运动来证明自己比其他人拥有更加强悍的身体素质或意志品质。

(3)以情感体验为标准进行分类。

①丰富性动机。这是一种以身心各方面能够获得满足与理解，有所成就和创造等欲望为特征的动机。这种形式的动机与下面将要提到的缺乏性动机刚好相反，它更加趋向张力的增强而不是张力的缩减。这种需要如果被满足，就会增加动机。因此，这种丰富性动机与欲望的关联度更高。例如，人们热衷做的一些事情都是为了寻求刺激，期望从刺激中得到精神上的兴奋感。这在人们参与极限运动时格外明显。

②缺乏性动机。缺乏性动机属于一类“厌恶性动机”，它是以排除缺乏和破坏、避免威胁、逃避危险等需要为特征的。缺乏性动机以张力的缩减为目的，然而在这种情况下，一旦目标得以实现，那么紧随而来的就是动机的减弱，甚至动机消失。例如，有的运动员为保住自己在球队中的主力位置而刻苦训练，当他的主力位置获得稳固后，则继续刻苦训练的动机就会减弱。

(4)以动机来源为标准进行分类。

①内部动机。内部动机来源于主观内部原因。内部动机的基础是人的生物属性。它是汲取内部力量的动机,是从内而来的驱动力。如果在健身运动中能够满足这种动机,则构成一种内部的奖励,以此进一步激发人的行为或保持健身的热度与期待。这种动机中,行为的动力来自内部的自我动员。例如,运动员由于对某一项运动的酷爱,使得其致力于提升自身的运动技能,然后参加比赛来证明自己的能力,如此情况下即便场边没有多少观众也不会打击他的运动积极性。

②外部动机。外部动机来源于客观外部原因。外部动机的基础是人的社会属性。它是汲取外部力量的动机,是从外部对行为的驱动。例如,运动员期待得到公众的认可和赞许,或是为了通过参加比赛获得优胜奖金,为此,他们就会特别关注观众的人数和赛事的奖金级别。

(二)心理过程

心理过程是指人的心理从产生到发展到变化再到完善的全过程。通常可以将这一过程分为三个阶段,包括认识过程、情感过程和意志过程。

1.认识过程

认识过程,是指人在认识客观事物的活动中表现出来的各种心理现象。这一过程包括人的感知觉、思维、表象、想象和记忆等。其中,感知觉和思维是较为重要的两个方面,在下面重点阐述。

(1)感知觉。感知觉是感觉和知觉的总称。感觉是人在受到事物的直接影响下对事物个别属性的反映,可以感知的元素包括事物的声音、色彩、味道、温度、震动等。而知觉则是在事物的直接影响下,人脑对事物整体的反映。例如,当篮球等客观物体直接作用于各种感觉器官时,人脑中便产生了这些事物的整体形象,即知觉过程。

感觉和知觉对于一个人来说属于不同的认识过程。尽管两者有所不同,但也有一些共同点,那就是它们都是人脑对于直接作用于感觉器官的客观事物的个别属性和整体的反映。这对于参与运动的人来说格外重要,因为在运动过程中,特别是在运动技能的学习阶段,需要建立起许多新的感知觉,如果没有较好的感知觉能力,就不能感受到一些精细技术的精髓,也不能及时发现所学动作是否标准、正确。例如,在学习乒乓球运动中的弧圈球技术时,只有清楚地感知球拍对球的摩擦与撞击的区别，才能找好摩擦与撞击的比例分配点，才能拉出高质量的弧圈球。较高的感受性还能使运动员在运动过程中迅速感知外界刺激，从而加快反应速度。

(2)思维。思维是事物的本质属性和内部规律性在人脑中的反映，是人脑对事物本质及规律性的认识活动。由此可见，思维是一种非常复杂的头脑加工过程。以对一个人的认识为例，通过感知觉的发现只能感受到人的外在形态，如此判断一个人则显得过于片面。而通过思维的判断，则可以抛开更多受感知觉的影响干扰，将人进行概括，然后得出一些结论。例如，人是可以制造和使用工具的，可以进行社会生产活动的，具有语言、思想意识和高级感情的动物。

在健身运动中，运动员要想学习到某项运动的技能，感知觉在其中发挥的作用无可替代。但要再进一步夯实技能，并且能在比赛中适时使用出来，就需要通过思维掌握这种运动技能的本质和规律，这才是技能掌握的终极目标。因此，比赛中使用的技能都是在纷繁复杂的条件下进行的，这种条件很可能是与对手直接的身体对抗，或是需要在短时间内做出选择。所以，运动员的思维就要更加敏捷和独立，如此才能做到根据场上形势的变化适时做出正确的选择，才能占据场上的主动。如果能够长期参加健身运动，无疑也会对运动员的思维起到一定的锻炼作用。

2.情感过程

情感是人对客观事物是否符合自己的需要而产生的体验。在人们的生活中，如果发生的客观事物符合自身的期待与需要，则可以产生愉快的情感，如果不能，或事物与自己的期许不符，则会产生痛苦、忧愁等消极性质的情感。

以体育运动为例，既然是体育运动就存在输赢之分。那么，取胜无疑就是使人精神愉悦的客观事物。参加比赛的运动员会因为比赛的结果，甚至是场面的优势或被动而出现情感上的不同转换。另外需要注意的是，在比赛当中，运动员的情感还会对他们在比赛中的发挥有重要影响。最常见的事例就是当出现顺风局时，运动员的发挥就会更加出色，状态极佳；而到逆风局的时候，会感觉无论如何都不在状态，连一些简单的动作都会失误等。

因此，参加健身运动能让运动员充分体验到运动以及竞赛中的情感特点，从而能够更加懂得如何调整自己的情绪，如此不光是对于运动健身，更能将这种情绪控制能力带入到以后的日常生活中，这无疑对运动员的学习和生活都大有裨益。

3. 意志过程

意志是人为了实现既定目标而支配自身的行为，并在实现目标的过程中自觉克服困难的心理过程。意志的建立基础是认识，并且在情感的激励下产生。意志能够为运动员提供巨大的精神支持，如此可以提升他们的综合运动精神属性。例如，在练习到较有难度的动作或比赛非常艰难时，意志力如何都是克服困难的关键。

就体育运动来说，如果运动者接受较大负荷的运动训练，就可能给运动者带来身体与精神两方面更大的消耗。如果没有十足的意志力，则很可能放弃原先的既定运动目标。因此，运动员在参加健身运动时，必须充分发挥自己的主观能动作用，培养出坚定的运动信念和顽强的意志品质，如此才能很好地学习和掌握运动技能，强身健体。

(三)个性心理

个性是具有一定倾向性的、比较稳定的心理特征的总和。个性心理几乎在一个人的任何行为中都有所表现，这也是个性稳定属性的主要表现。就运动来说，人们在运动中也能展现其个性，甚至运动场成了人们能更真实地表现个性的场所。

一般来说，人的个性的形成与他所拥有的能力、性格和气质有关。

1. 能力

能力是人顺利完成活动的心理特征。具体来说，个性养成中提到的能力主要包括观察力、记忆力、思考力、想象力和注意力。这些能力的掌握是运动员学习和提升运动技能以及强身健体的基础。

人与人之间都有各自的能力，这种能力有强有弱。此外还有能力类型的差异，如有的人形象思维能力更好，有的人抽象思维能力更好，还有如能力表现的早晚、能力发展水平等差异。为此，运动者为了将自身的能力与运动相匹配，就需要对自身的能力属性有所了解，由此才能更加科学合理地安排学习和训练。

2. 性格

性格是个人对现实的稳定的态度和习惯化的行为方式。性格是形成个体的一个重要方面，属于一种心理的稳定外部表现。不同的人性格也有所不同，但性格特征又有其特殊的表现，具体如下。

首先，性格是现实社会关系在人脑的反映。个人对生活中发生的事情具有较为稳固的态度和相对固定的言行。例如，性格偏内向的人对于拳击、足球等对抗激烈、场面热闹的运动不是很感兴趣，但对棋牌或台球运动较为热衷。

其次，性格特征是一种比较稳定但又可变的倾向，它是稳定、经常、一贯的表现。性格并非永远不变，在某种特定的环境下，或是接受了某项训练，是可以对性格有一定程度的改变的。例如，性格胆小怕事的人经过长时间的运动训练和多次比赛，很可能变成一个胆大、勇敢和富于冒险精神的人。

3. 气质

气质是人的心理活动的稳定动力特征。具有不同气质的人会表现出不同的行为习惯。目前，人的气质类型被分为胆汁质、多血质、黏液质和抑郁质四种。不同类型的气质使人展现出不同的普遍行为。然而需要明确的是，不同气质之间有所区别，但没有好坏之分。了解或鉴定不同人的气质类型，对运动员参与健身运动的研究是十分重要的。气质类型是运动员进行健身运动的心理依据之一。

（四）心理因素对运动的意义

心理素质的好坏对于参与运动来说也是比较重要的，特别是对于现代体育竞技来说就更为重要。在现代高水平体育比赛当中，运动员之间的技术和战术能力非常接近，仅依靠单纯的技术和战术优势获得比赛的胜利并不容易，此时，考验的就是双方运动员的心理素质和临场应变能力。据研究发现，现代体育运动中心理因素占30%，身体、技术、战术等因素占70%。对于运动员参与日常的健身活动来说也有心理因素的关系，即心理健康水平高的运动员更易掌握运动技能，更易从运动中体验和享受乐趣，更易持久参与运动。心理因素对运动的意义主要可以通过以下几点来看。

1. 智力

人的智力和身体活动有许多关联。人在快速成长时期其能力发育水平与身体活动的多少有着较大的关系。但随着年龄的增加，其智力的发展与其身体活动能力的发展逐渐分化开来，此时智力与身体活动能力之间关系不大。尽管如此，经常参加健身运动的人的智力水平依旧会得到一定的提高或维持原有智力水平更久。

研究证明，经常参加健身运动的人普遍具有更好的智力，主要表现为记忆力更好、观察力更敏锐、思维能力更加快速等。这表明，运动员的智力情况与其参与健身运动有着重要的关系。

2. 情绪

从心理学的研究角度上说，好的情绪可以激发身体潜能，提升人的运动状态，使人精神焕发、积极主动、持之以恒。相反，不良的情绪，则会削减人的运动欲望，降低感知觉能力和思维灵敏度，使人精神不振、注意力不集中等。这就可以解释，当一支球队出现非常不利的局面时很可能出现崩盘溃败的情况了。

就单独的运动员个体来说，良好的情绪有助于他们在运动中做出标准、正确的技术动作，选择正确的运动时间，对场上局面的预判也更加准确。如此情况下，参加运动不论是从身体健康还是心理维护方面都能获益。

3. 意志

意志能够激发运动者在运动中遇到困难的坚定态度，而经常参加健身运动也能培养运动员坚强的意志品质，两者是相辅相成的关系。这种关系具体体现在如下四个方面。

第一，运动员普遍在健身运动中可以获得比日常生活更加紧张的肌肉收缩度，再加上运动中要面对不同的局面，并相应做出应对处理，如此就需要较好的意志来满足运动的需要。

第二，运动员在参加健身运动时的注意力高度集中，只有意志过硬，才能克服因受到内外部刺激而产生的不良心理影响。

第三，运动员在参加健身运动时不可避免地会遇到身体疲劳乃至运动性伤病的情况。拥有足够意志力的人能够克服上述问题导致的消极情绪，并在身体恢复后继续坚持运动，坚信“生命在于运动”的理念。

第四，由于体育运动本身具有风险性的特点，这会使一些参加运动的人有些许畏惧心理，如果有足够的意志，则会有助于这种畏惧心理的缓解，不至于在运动中缩手缩脚，无法完全放开。

(五)全民健身运动对运动员心理健康的影响

现代健康观认为，人只有身体健康并非是完全意义上的健康，所谓的健康还要包括心理的健康。在现代社会中，心理健康是人们正常开展日常活动的基础，它与生理层面上的健康占有同等地位。

身体健康与心理健康是相互促进、相互影响的关系。这主要体现在生理问题能够影响心理，而心理的变化也会对生理的健康带来负面影响。因此，人们在讲究用脑卫生的同时，还要有意识地培养自身良好的性格和对情绪的控制能力。

经常参加健身运动的人，其可以获得以下几种积极影响。

1. 改善情绪状态

衡量运动员心理健康影响的指标之一就是情绪状态。现代社会中融合着大量错综复杂的关系，人们身处其中不免为此感到疲惫和压力，长此以往就会产生忧愁、紧张、压抑等情绪反应。而通过健身运动，则可以相对转移一下运动员在社会生活中的压力，将其暂时解放出来，获得心灵上的释放，保持乐观的心态。这也是维护人的心理健康的重要方法。

2. 提高智力功能

实际上，决定智力功能强弱的因素除了与智力成分有关外，还与一个人的身心状况有关。如果一个人长期处于高压力、高节奏的生活中，他就难以保证情绪不会受到较大的波动，而且精神高度紧张，长此以往劳神费力，进而也会使智力功能降低。

经常参加健身运动的人可以有效改善身心功能水平，提高注意力、反应速度、记忆力、想象力和情商等能力，如此益处都可以给智力水平的提升打下坚实的基础。

3. 确立良好的自我概念

每一个人都是具有独立人格和思考能力的自然人。既然是独立的人，就必定存在自我的概念，而这个所谓的自我概念实际上就是个体主观上对自己的身体、思想和情感等的评价。自我概念的形成依赖于许多的自我认识，如“我的性格是什么样的”“我要做一个什么样的人”“我喜欢什么”“我的价值观和人生观是什么”等。坚持健身运动可使运动员体格强健、精力充沛，改善其身体表象和身体自尊。

首先，身体表象是指头脑中形成的身体图像。身体表象障碍在正常人群中普遍存在。通过调查可知，目前大约有过半数的人对自己的体重和身材不满意，这一比例中，女性又占绝大多数。而且，身体肥胖的个体更可能有身体表象方面的障碍。其次，身体自尊主要包括一个人对自己运动能力的评价，对自己身体外貌（吸引力）的评价以及对自己身体健康状况的评价。

之所以在这里提到身体表象和身体自尊两个问题，就在于它们与人的自我概念的形成有很大关系。无论是男性还是女性，对身体表象的不满意都会影响对自我概念的评定，并产生不安全感和抑郁症状。一些运动方面的专家认为，肌肉力量与身体自尊、情绪稳定性、外向性和自信心相关，并且加强力量训练会使个体的自我概念显著增强。

4. 培养坚强的意志品质

意志品质指一个人的果断性、坚韧性、自制力、勇敢顽强和主动独立精神，它主要在克服困难的过程中表现出来，也同样是在这一过程中被培养起来。

运动员可以在多种健身运动中锻炼身体，同时还能在健身过程中克服各种困难，磨炼意志品质。这些困难多为难以攻克的技术动作、比赛中不利的形势、运动器材出现小麻烦以及不利的天气影响正常技术和战术的发挥等。然而，主观困难主要为心理层面，比如胆怯、畏惧、紧张等心理的出现。运动员能否培养出出色的意志力就在于他们是否能积极努力地克服一系列主客观困难。在健身运动中养成的良好意志力还能引申到生活当中，使运动员对生活中出现的多种问题也能有顽强的意志将其解决。

5.消除生理和心理疲劳

疲劳不是一种单一的感觉也不是简单的过程所形成的，而是一种综合性症状。人的生理因素对疲劳的出现和疲劳的程度会产生一定的影响，但同时人的心理也与疲劳有所联系。例如，如果一个人的情绪不稳、消极低落，那么他在完成同样负荷的运动时就会比其他同等生理因素的人的疲劳累积速度更快。适度的疲劳有益于人体体能的增加或维持，但过度疲劳无疑会对人体造成莫大伤害。

现代人的社会生存行为都会给自己带来莫大的生理疲劳和心理压力。因此，无论是上班族还是学生，都应尽力保持良好的情绪状态，而参加适量强度的健身运动就是非常好的放松身心的积极性休息，如此可以有效缓解疲劳。

6.治疗心理疾病

体育运动早已被人们认可为一种有效的心理治疗方法。这个观点也被绝大多数的心理医生所认同，他们普遍认为，运动是治疗抑郁症的有效手段之一，并且这种手段还可以作为治疗焦虑症的方法。

现代社会的高压力和快节奏使得身处其中的人们很容易经过积累形成诸多类型的不健康心理，进而诱发较为严重的心理疾病，较为常见的如焦虑症和抑郁症，当然还有如恐惧症、强迫症等疾病。而运动者参与健身运动可以有效地降低自身的焦虑情绪，促进其身心健康，避免一些心理疾病的发生。

三、全民健身运动的运动学基础

（一）肌肉

肌肉产生力量的原理是肌纤维的收缩。由此可见，收缩活动就成了肌纤维最基本的生理特性，这种收缩的方式构成了人的基本的运动。当然，除了外在的人体运动外，肌肉的收缩还对其他生理循环等功能起到重要作用。但不同的肌纤维由于其结构、分布及神经支配的不同，表现出各自的特性和功能。

肌纤维的构成和功能有很多种类，根据这些不同可以将肌肉分为骨骼肌、心肌和平滑肌三类。其中，骨骼肌受运动神经的支配，在这种支配下骨骼肌可以随意识移动，而心肌和平滑肌则受自主神经支配，它的做功并不受意识掌控。

就人参加的运动来说，促使动作完成的肌肉是骨骼肌，它为运动提供根本动力。这些运动小至眨眼、张嘴，大到跑步、跳跃，种种活动都与人体骨骼肌密切相连。因此，它一直是探究人体运动规律所关注的焦点。而为了应对运动所需进行的身体素质训练也是以锻炼骨骼肌为根本的。

1.肌肉的基本结构

肌肉是人体运动系统的主要构成部分。肌肉组织基本组成单位是肌细胞，其形状为细长状，因此也被称为肌纤维。每条肌纤维外面皆由一层结缔组织薄膜包裹，数条肌纤维构成一条肌束，肌束再由肌束膜包裹，然后许多肌束再合成肌肉，外面包以结缔组织膜，称为肌外膜，如图 3-2 所示。

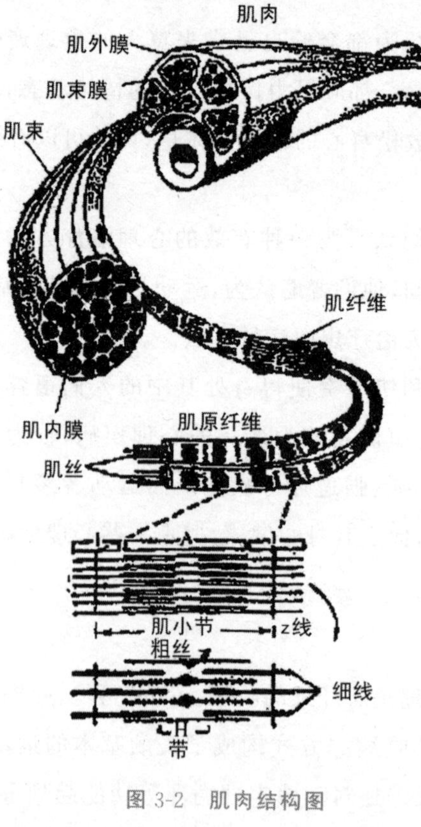

图 3-2　肌肉结构图

肌肉的组成物质主要为水，占肌肉总重量的3/4，另外占1/4重量的为固体物质。此外，在肌肉中还包含有众多的毛细血管网及神经纤维，用于给肌肉提供充足的氧气和养分。

在运动中所运用到的肌肉主要是骨骼肌。骨骼肌，顾名思义就是附着于骨骼上的肌肉。就肌肉在人体的分布情况来看，骨骼肌的分布最广泛，数量也最多，对人体的运动提供的支持最大，是运动系统的主体部分。

人体内的骨骼肌约有400块，它们大小不一、形态各异、功能多样，这些骨骼肌占体重的36％～40％。骨骼肌在神经系统的支配下产生收缩做功，带动骨骼发生运动，或是维持某种相对静止的姿势。每块肌肉的形状多为中间膨大的肌腹和两端没有收缩能力的肌腱，肌腱直接附着在骨骼上，是骨骼与肌肉之间的纽带。肌腱由排列紧密的胶原纤维束构成，肌腱内胶原纤维互相交织成辫子状的腱纤维束。肌腱的一端与肌内膜、肌束膜和肌外膜相连接；另一端与骨膜紧密结合。尽管肌腱本身没有收缩能力，但它的能力在于能够承受很大的拉伸载荷。因此，肌腱受伤对于运动者来说是非常麻烦的事情，需要及时、合理地治疗和较长时间地休养才能痊愈。

2.肌肉工作的协作关系

肌肉工作是指肌肉收缩使关节运动，若做功，将会使人体保持一定的姿态；若不做功，也会消耗能量的过程，称为肌肉工作。肌肉活动频繁，新陈代谢旺盛，毛细血管十分丰富，肌组织和结缔组织分别构成肌肉的收缩成分和弹性成分。在健身运动中，即使是完成极为简单的动作，只靠单一肌肉工作的情况也是罕见的。数块或数群肌肉协调地参加工作，才能使关节产生各种各样的运动或保持人体的姿势。根据参加工作的肌肉所起的不同作用，肌肉可分为以下四种。

(1)原动肌。直接完成动作的肌群叫作原动肌。在动作完成中起主要作用的原动肌叫作主动肌，如“弯举”中的肱肌与肱二头肌。帮助完成动作或在动作某个阶段收缩的次要的原动肌叫副动肌或次动肌，如“弯举”中的肱挠肌、旋前圆肌等。持哑铃双臂弯举的动作中，肱肌、肱二头肌、肱挠肌和旋前圆肌等是“弯举”(肘关节屈)动作的原动肌(图3-3)。

图 3-3 “弯举”动作

(2)对抗肌。与原动肌作用相反的肌群叫作对抗肌,在“支撑”动作中,肱三头肌是肱二肌的对抗肌。原动肌和对抗肌不是固定不变的,而是随着环节运动方向的改变而改变。对抗肌除了有拮抗原动肌工作的作用外,还有协调原动肌工作的作用,如在快速动作的结束阶段,对抗肌收缩紧张,以缩小关节的活动范围及延缓运动速度,避免关节周围发生软组织损伤(图 3-4)。

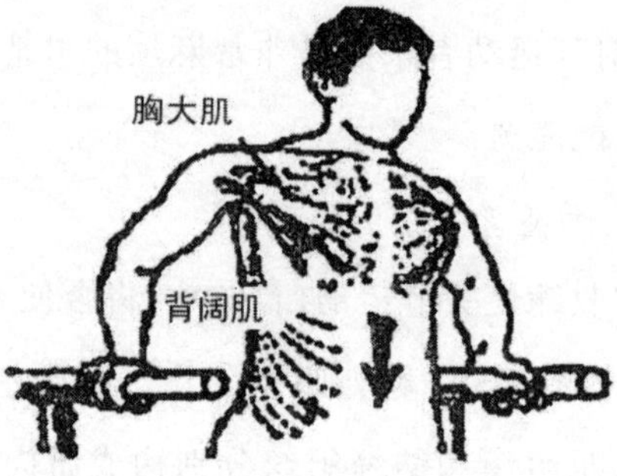

图 3-4 “支持”动作

对抗肌的训练对于保持肌肉平衡和预防运动损伤非常重要,大多数骨骼肌都是成对工作的,如果一块肌肉超负荷运动,而与其相对抗的肌肉缺乏运动,导致出现对抗肌力量不平衡的状况,那么这个部位的肌肉就很容易受伤。

(3)固定肌。固定原动肌一端附着所在骨的肌肉称为固定肌。固定肌使主动肌的拉力方向朝着它们的固定点,其作用是使肌肉的拉力方向保持固定。固定肌有两种情况,第一种是作用相反的两群肌肉共同作用,使关节保持固定不动;第二种是一群肌肉与某些外力的共同作用。如做“飞鸟展翅”练习(图 3-5)时,大腿肌肉、腰背肌肉与重力互相作用,固定躯干与骨盆。

图 3-5　“飞鸟展翅”动作

发展肌肉力量训练时应注意和功能锻炼相结合，才能使全民健身的力量训练具有现实意义，这就提示我们在进行力量训练时既要训练原动肌，又要训练固定肌，尽量要求这两种肌肉均衡锻炼，否则不能保证原动肌的拉力方向，并会影响原动肌发挥力量的效果。

(4)中和肌。中和肌的工作有两种情况。

①有时两块原动肌既有共同的作用，又有互相对抗作用。例如，斜方肌可以使肩胛骨上回旋和内收，菱形肌则使肩胛骨下回旋和内收。因此在“飞鸟展翅”动作中，当它们一起收缩的时候，既共同作为肩胛骨内收的原动肌，又互相作为中和肌，它们使肩胛骨回旋的作用彼此中和了。

②当原动肌发挥多种功能时，别的肌肉参与工作，抵消原动肌的一些功能，使动作更准确，这些肌肉称为中和肌。如做“飞鸟展翅”练习时，肩胛提肌、菱形肌等也参加工作，以抵消斜方肌使肩胛骨上回旋的功能，使斜方肌只能表现出使肩胛内收的功能，肩胛提肌和菱形肌等是斜方肌的中和肌。

3. 健身运动对肌肉的影响

(1)肌肉体积增大。通过健身运动可以给予肌肉以较大的刺激，如此会增加肌肉的体积。这是因为锻炼导致的肌纤维粗细和肌纤维数目增多，由此带来的肌肉体积的增加。不过这种增加并不是全身性的，更多要看某项运动对身体哪个部位的肌肉的锻炼更多，如经常参加足球运动的人腿部和臀部的肌肉体积增加更为明显，而热衷拳击运动的人的上肢两臂部位的肌肉体积增加明显。

(2)肌肉中脂肪的减少。如果较少参加一定负荷量的体育健身运动，肌肉表面会逐渐形成一层脂肪层。这层多余的脂肪层会加大肌肉的重量，并且在肌肉做收缩运动时产生摩擦，使得肌肉做出的功不能完全用于运动本身，从而降低了肌肉收缩的效率。经常运动则可以逐渐使多余的肌肉脂肪层减少，提高肌肉运动做功的效率，即运动者会有一种运动较为轻快的感觉。

(3)肌肉毛细血管增多。经常参加体育运动可以使骨骼肌内的毛细血管数量增加,毛细血管数量的增加带来的好处就在于它能够大大改善骨骼肌的血液供给情况,为肌肉带来更多的氧和营养成分,并且加快肌肉收缩产生的代谢产物,提高了肌肉的工作能力。

(4)肌肉内的化学成分发生变化。肌肉内的化学成分会根据肌肉的运动产生一些变化。经常参加健身运动的人,其肌肉内的肌糖原、肌球蛋白、肌红蛋白、水分等含量均有增加。

肌肉中的肌球蛋白和肌红蛋白是肌肉收缩的基本物质,这些物质的增多可以提升肌肉的收缩能力。此外,这些物质还能使 ATP 酶的活性加强,以便能够及时供给肌肉收缩所需的能量。肌红蛋白可与氧结合,因此,一旦肌红蛋白的数量增多,肌肉中的氧储备必然也会增加,如此可以使肌肉在耗氧非常多的情况下依旧能保持正常的收缩状态,这种正常的收缩状态能持续更加长久。同时,肌肉内水分的增加,还有利于肌肉内氧化反应的进行,有助于肌肉力量的增长。

(5)参加活动的肌纤维数量增加。通过研究可知,实际上人的运动在相关肌肉的收缩时,肌肉中的肌纤维并非全都进行收缩,只有一部分肌纤维对神经冲动产生反应发生收缩,另一部分不收缩的肌纤维称为不活动纤维。其原因主要在于神经对肌肉收缩的控制过程中不使用它们,或者是达到运动终极的神经冲动太少太弱,因此不能充分调动肌肉的做功潜力。改善这种状态的方式也是经常参加运动,只有运动才能更高效地改善神经控制能力,增强神经冲动的传递,使一些不活动的肌纤维能够活动起来。这也就解释了为什么经常运动的人力量往往更大。一般情况下,那些不经常运动的人在肌纤维的做功调动上只有60%,而那些经常参加运动的人的肌肉参加收缩活动的肌纤维可达到 90%,由此可见运动的效果之显著。

(6)肌肉延迟性疼痛。在超负荷训练理论的指导下,适当安排一些超过身体所能承受的量的练习可以逐步增大肌肉力量,但同时也会在练习之后的几小时至几天内会出现肌肉疼痛的情况。这种情况一般三四天后可以逐步缓解,这就是延迟性肌肉疼痛。延迟性肌肉疼痛的发生较为普遍,其中除了有酸痛感外,还伴有肌肉僵硬的感觉,轻者只有在按压时有痛感,而重者则会呈现出肌肉肿胀的情况,甚至给日常生活带来些许不便。

(二)骨

骨是以骨组织为主体在结缔组织或软骨基础上经过一定的骨化形成的。一般成年人的骨骼总数为206块,这些骨骼根据不同的部位大体被分为颅骨、躯干骨和四肢骨。

1.骨的形状和构成

(1)骨的形状。人体的骨在不同身体部位上承担不同的功能,因此它的形状就有所区别。主要包括长骨、短骨、扁骨和不规则骨(混合骨和含气骨)四种(图3-6)。

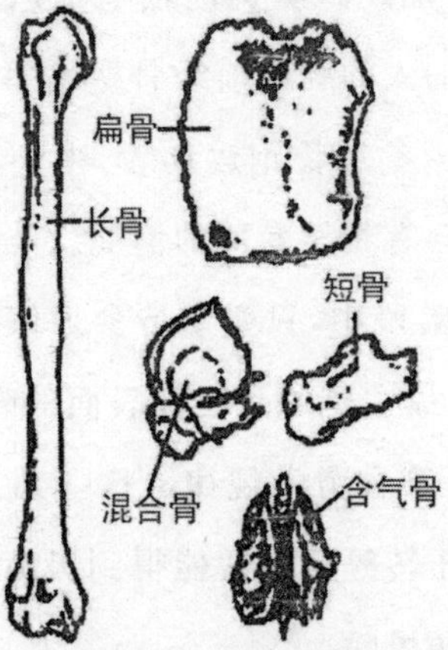

图3-6 骨骼形状

(2)骨的构成。骨骼由骨膜、骨质、骨髓、血管及神经组成,其中骨质是骨骼形成的基础。骨骼的外面被骨膜包裹,其内部还充满骨髓(见图3-7)。

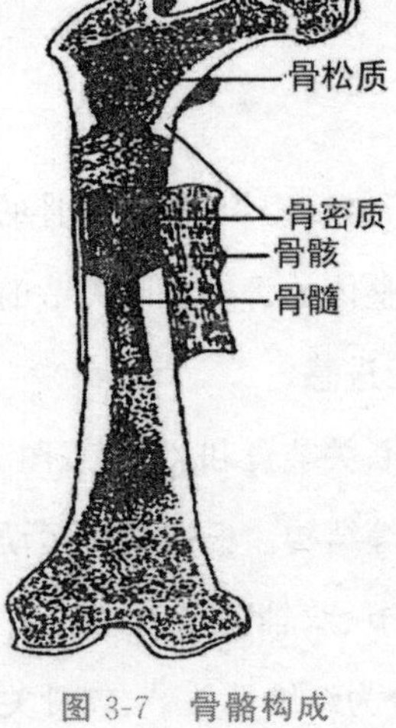

图3-7 骨骼构成

2.骨的功能

骨是人体运动系统的重要组成部分，骨骼的健康对运动员的运动参与起到关键作用。尽管骨的主要功能为支持人体的运动，但它的功能还远不限于此，它还能对人体的运转产生作用。这些功能包括对人体的支撑作用、保护体内脏器的作用、造血以及储备微量元素的作用等。

3.不同运动项目对骨的影响

健身运动的种类多样，经研究发现，不同种类的运动会对骨的形状改变产生影响不同。例如，经常参加跳跃类运动或举重运动的人，其胫骨就会发生适应性变化。参与跳跃运动的人的胫骨前缘骨壁增厚非常明显，举重运动者则是胫骨内侧壁增厚非常明显。参加长跑运动者，由于其跑动的距离通常较长，长久以后其下肢长骨干骨壁会有相对变薄的情况。

运动员无论在哪个年龄段中，只要坚持参加体育运动，都会对骨骼健康水平的提升起到积极的作用，最主要的是使骨表面的隆起更为显著，骨密质增厚，管状骨增粗，骨小梁分布更符合力学规律。这一系列骨形态结构的改变，使骨的抗压、抗弯、抗折断和抗扭转等机械性能得到提高。此外，还能减少随着年龄增大后可能提升的患骨骼病风险。

运动会使得肌肉力量有所提升，而肌肉力量的提升对骨的健康也有较大帮助，两者有着许多相关性。当肌肉力量增大，肌肉收缩对骨骼产生的应力刺激可有效提高成骨细胞的活性，在日后可有效延缓中老年骨量的丢失。

（三）关节

1.关节的基本结构

关节是骨与骨之间借助于结缔组织、软骨或骨的一种连接。关节连接起了全身的骨骼，使它们构成了一副整体的骨架。而关节的另一个重要作用就是在运动中为每一个动作带来顺畅的行进感。

关节的构成主要有关节面、关节囊和关节腔（图 3-8）。在基本结构之外，还辅以韧带、关节内软骨和关节唇等结构。根据关节运动轴的多少和关节面的形状等因素，可以将关节分为单轴关节、双轴关节和多轴关节三种形式。还可以根据两骨间连接组织的不同将关节分为纤维性关节、软骨关节和滑膜关节。

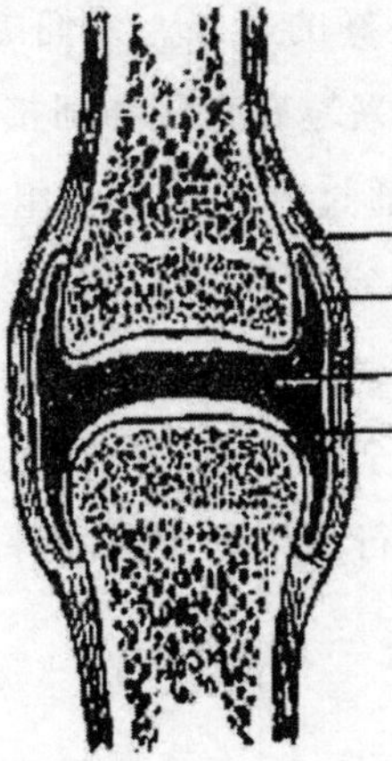

图 3-8　关节结构

2. 全民健身运动对关节的影响

经常参加健身运动可以使运动员的骨关节面的密度增加，骨密质增厚，如此一来关节和骨便越能承受更强的运动负荷。当然，不同运动项目对身体锻炼的部位不同，进而也就会对关节柔韧性所起到的作用不同。例如，乒乓球、羽毛球、篮球等运动中有较多的急停、急转、变向动作，这对运动员的关节柔韧性有着很高的要求。

实际上，关节一方面需要其灵活顺畅，另一方面又需要具有一定的稳定性。肌肉力量大，韧带、肌腱、关节囊就会增厚，这对关节稳固性和防止关节损伤有很大好处，但这样又势必会影响关节的灵活性。因此，只有控制好这两个度，才能使运动者的运动更加得心应手，动作更加协调自然。这需要在健身过程中既发展肌肉力量，还要兼顾发展其伸展性的练习，如此才能使二者同步发展，才能使关节既获得较为稳定的活动又不失灵活。

第二节　全民体育健身的基本原则

一、主动性原则

在参与全民健身之前，要将目的确定下来，这对于健身的积极性和主动性的提高是有所助益的，同时，这对于长期坚持进行全民体育健身锻炼也是非常有帮助的。因此，提高人们参与全民体育健身锻炼的积极性是非常重要的，而要做到这一点，需要从以下三个方面着手。

(1)积极进行兴趣的培养，形成良好的习惯。人们之所以能够积极参与到全民体育健身锻炼中，兴趣是主导，而兴趣有直接和间接之分，要保证人们参与全民体育健身锻炼的主动性，就要求通过启发引导和组织活动多种形式，将两种兴趣结合起来，互为渗透，从而使稳定的健身兴趣得以形成。另外需要强调的是，健身锻炼自觉性的养成，还要依靠锻炼习惯的养成。

(2)将健身目的明确下来，使参与全民体育健身的动机得到进一步的强化。

(3)在体育健身锻炼结束后，要进行科学的检查和评价工作，从而更好地将人们健身锻炼的积极性充分激发出来。

二、针对性原则

在全民体育健身过程中，要根据运动员的年龄、性别、身体健康状况以及地域、季节等方面的特点，确定健身锻炼的内容、方法、手段和运动强度，这就是所谓的针对性原则。总的来说，就是健身锻炼者要选择与自身实际情况相符的体育健身项目。人们的个体差异、健身方法和手段的多样性以及健身锻炼环境的不断变化，都要求人们在参与全民体育健身活动时，必须严格遵循针对性这一重要原则。

三、经常性原则

所谓的经常性原则，实际上就是要求人们要经常进行体育健身锻炼，也就是要保证健身锻炼的长期性和不间断性。运动技术的形成和提高，人体各组织系统机能的改善，是肌肉活动反复多次强化的结果。如果不经常进行健身锻炼，那么前一次健身的痕迹在后一次锻炼进行时就已经消失不见了，如此一来，累积性的影响作用也就不存在了，这就会导致最终的健身效果微乎其微。同时，运动技能的形成，人体结构、机能的改善，身体素质的提高，都会受到生物界“用进废退”规律的制约。如果不经常进行健身锻炼，已经取得的效果也会逐渐消退。

总的来说，人体机能水平的发展和提高是一个逐步递进的过程，永久性的效果是需要通过长期的健身锻炼才能够取得和维持的。除此之外，还要注意养成经常锻炼的习惯，科学、合理地设定健身目标和训练计划，并且还要做到循序渐进，使健身效果逐步得到提高。

四、适量性原则

人们在参与体育健身活动时，在运动负荷方面要保证适宜，这也就是所谓的适量性原则。从某种意义上来说，健身锻炼的效果往往受到运动刺激的强度影响，一般来说，运动刺激过小，就难以引起机体的有效反应，健身效果就不会理想；如果刺激过大，则会对机体造成一定的损伤，因此，保持适宜的强度是非常重要的。

人们在进行体育健身锻炼时，一定要根据自身的情况来进行，将自我感觉和生理测定结合起来进行，如果锻炼后出现各种不适，就要立即停止健身锻炼，并对运动负荷进行适当调整。

人体能量的消耗和恢复的超量补偿在很大程度上决定着适宜的强度，一般来说，能量消耗过多，就会产生疲劳。适当的疲劳在经过一定的休息和恢复后，疲劳症状可逐渐消失，人体机能水平得到提高，明显的健身效果就产生了。而如果出现过度疲劳，就会造成身体机能水平的下降和一定的运动损伤。

因此，这就要求人们在从事体育健身运动时，要时刻贯穿运动负荷适量性原则，要做到量力而行，对健身的时间、频率、强度等要素进行准确的把握；要对运动员的实际情况进行充分考量。

五、全面性原则

人们在进行体育健身锻炼时，一定要保证身体各个部位都得到良好的发展和机能强化，从而保证身体的和谐发展，这就是所谓的全面性原则。

全面性健身锻炼，就是要求人们所参与的体育健身活动要包括不同身体部位的活动，以及多种项目和不同性质的活动。究其原因，主要是由于人体的各个系统是相互联系在一起的，身体某一方面的发展必然会影响到其他方面的发展，而全面发展，就能相互促进，共同提高。因此，在体育健身活动中贯彻全面性原则是非常重要且必要的。

第三节 全民体育健身的常用手段与方法

一、全民体育健身的基本方法

对于全民体育健身来说，其顺利进行需要借助于一些科学的方法，这样才有可能取得理想的健身效果。其中，最基本的全民体育健身方法主要有以下几种。

(一)重复练习法

重复练习法,实际上就是在相对固定的条件下,按照一定要求反复做同一练习的方法。这一基本方法并不是在所有全民体育健身中都是适用的,其适用范围主要是负荷较小或用时较短的项目;另一种适用于动作技术比较复杂、难于掌握的项目或者运动负荷较大、难以一次完成的练习。

一般来说,重复练习法在练习过程中每组或每次练习都安排一定的休息时间,同时,还要求每次都要合理确定和固定(每组)练习的距离、时间、强度、间歇时间和练习的总次数。

在全民体育健身过程中采用重复练习法时,首先,应将包括重复的总次数、每次练习的距离和时间、每次练习的强度及间歇时间等在内的重复要素确定下来;其次,应使每次练习的质量得到保证;最后,还要保证练习的趣味性和娱乐性,从而使练习过程中的单调、枯燥及厌烦情绪得到有效缓解。

(二)循环练习法

所谓的循环练习法,实际上就是将具有不同锻炼效果的项目,按照一定的次序进行排列,然后按一定顺序做往复练习的方法。通过循环练习法的运用,能够取得理想的健身锻炼效果,这对于锻炼者身体的全面发展有着非常显著的作用。

在全民体育健身活动中运用这一方法进行健身锻炼时,要求必须按照全面性原则对所需要的项目进行搭配,这是非常关键的一个方面。对于参与全民体育健身锻炼的青少年来说,锻炼的目的不仅在于促进四肢、躯干的发达,形态的健美以及机能、素质的全面提升也是不可忽视的重要方面。因此,科学地搭配项目是非常重要且必要的。

循环锻炼的各个项目都要用比较轻度的负荷进行练习,通常情况下,最大负荷量的1/3～1/2的强度较为适宜。循环的次数和各个项目的练习强度要根据机体适应程度的提高进行适当的调整。

(三)变换练习法

通过练习内容、强度和环境等因素的变换来进行练习的方法,就是所谓的变换练习法。在全民体育健身中,能够变换的因素主要有:练习项目、练习要素、运动负荷、练习环境和条件等。通过变换练习法,能够有效提升中枢神经系统的灵活性,使身体的调节能力和适应能力得到发展和提高。除此之外,变换练习法在调整健身计划、活跃锻炼氛围、提高健身积极性方面也有着不可忽视的重要作用。

在全民体育健身过程中，要想借助于变换练习法，需要对以下四个方面的事项加以注意。

①一定要做好长远计划，并且将实际需要作为主要依据，让机体有一个适应的过程。

②要做好信息的收集和积累工作，并且不断调整锻炼的计划和相关手段，做好总结，从而为下一阶段的练习奠定好基础。

③由于变换练习法具有短期和非经常性的显著特点，这就要求在达到变换的要求之后，应尽快转入常规练习。

④在全民体育健身运动中采用变换练习法时，一定要集中注意力，变换练习的目的要一直明确。

(四)持续练习法

以保持有价值的负荷量为主要目的而不间断地连续进行活动的方法，就是所谓的持续练习法。持续练习法的主要作用在于，通过把负荷量维持在一定水平上，使运动员的身体能充分地受到锻炼。

要想取得良好的锻炼效果，重复、间歇以及连续都是不可忽视的。这三个方面都应在锻炼过程中得到统一，并将各自的作用充分发挥出来。以负荷价值有效范围为主要依据将持续练习时间确定下来，可使机体的各个部位长时间地获得充分的血液和氧的供应，因而能够使有氧代谢能力得到有效增强。在全民体育健身过程中，跑步、游泳、跳舞等是用于持续练习的主要动作。

(五)间歇练习法

在两次练习之间，规定一个严格的休息时间，在运动员机体尚未完全恢复的情况下，就进行下一次练习的方法，就是所谓的间歇练习法。这一练习方法往往被青少年运动员采用。

在确定间歇练习法中的间歇时间时，一定要按照运动员个人身体机能状况来进行，否则，科学性就得不到保证。通常情况下，水平低者，间歇时间可长；反之，则间歇时间应短。心率每分钟 120 次左右是较为适宜的。需要强调的是，在间歇过程中，慢跑、按摩和深呼吸等的积极性的休息和放松方式是较为理想的选择，因为这些方式能够有效加速血液回流，使氧气供应得到保证。

二、有氧与无氧健身手段与方法

(一)有氧运动健身方法

有氧健身运动包含着非常丰富的内容,如平常所看到的走、跑、攀登、爬越、游泳等。这里主要对游泳和自行车运动进行简要阐述。

1.游泳

具体来说,游泳就是一种借助于水的浮力,凭借自我支撑力和推进力在水中游动的运动。起初,这是一项军事训练的科目,经过长期的发展,逐渐成为健身领域的有效手段。

坚持进行游泳健身锻炼,能够使人的体质得到有效增强,使勇敢、顽强的意志品质得到培养,同时,还能够使人的各项身体功能得到发展,积极促进机体的新陈代谢,有效发展人的各项能力素质。当前,游泳运动已经成为普及性非常高的全民体育健身运动项目。

对于普通的健身锻炼者来说,通过游泳来达到健身目的的有效方式主要有以下四种。

(1)嬉水。嬉水又称水中“法特莱克”(速度游戏),运动员可在水中以不同姿势、不同速度游进,这种方式对体力消耗不大。

(2)重复性慢游。重要性慢游是一种较舒缓的运动项目,比如,慢游 25 m,转身时通过休息使体力恢复到原有水平。这一方式适用于一般健身锻炼者。

(3)间歇性慢游。间歇性慢游就是两次练习之间的休息较短,在体力尚未恢复的情况下进行下一次练习。

(4)定额游泳。定额游泳就是规定时间或距离的游泳。较为精确地规定练习的负荷和对身体的影响是这一方式的主要特点。

2.自行车运动

自行车运动,就是两手握把,身体前倾,两腿及全身交替用力下踏,使两轮形成稳定的运动支撑。现阶段,自行车运动已经成为低碳环保的代名词,同时也是体育健身锻炼的主要方式之一。

从具体意义上来说,自行车运动是一种周期性的需氧运动,具有一定的活动强度。在骑自行车时,人体中有一百多块肌肉参与活动。经常骑自行车,能够使心脏功能得到有效提高,肺活量有所增强,血管壁的弹性得到改善。另外,经常骑自行车还能使人的下肢肌肉、关节和韧带得到锻炼,使人的各种体能素质得到有效提升。除此之外,自行车运动还能够使人的平衡能力和协调性以及神经系统的灵活性等得到有效的锻炼和提升。

在进行骑自行车运动锻炼时,保持正确的姿势和保持正确的呼吸方法都是非常重要的。具体来说,正确的姿势为:骑车时上体要稍前倾,两臂伸直,两眼平视。踏车时要用脚前掌,身体不要左右摇摆,保持身体平衡,上坡和逆风时上体要前倾,下坡或顺风时,上体要正直。正确的呼吸方法为:呼吸要与车速配合,骑车时,最好采用腹式呼吸的方法,尽量用鼻腔呼吸,防止尘土异物进入口腔引发不必要的感染。

自行车健身运动的方式是多种多样的,其中,较为常见的有慢骑行、定时骑行、定距离骑行、重复骑行、变速骑行、间歇骑行等。

(二)无氧运动健身方法

1.体能性周期性练习

体能性周期性练习主要有极量强度的无氧练习、近极量强度的无氧练习和亚极量强度的无氧练习三个方面内容。

2.体能性非周期性无氧练习

(1)爆发性的练习。具体来说,爆发性练习就是快速完成一个或几个非周期性的、短时间的、大强度的动作。田径运动中的跳跃、投掷和举重项目是较为典型的运动形式。

(2)有定规变化的练习。具体来说,有定规变化练习就是由一些不同形式的单个动作按严格规定组合在一起的联合动作。竞技体操、技巧、武术、花样滑冰和跳水等就是这一类型的典型代表。

(3)无定规变化的练习。具体来说,无定规变化练习就是由无定规的、急剧变换的、不同性质的、不同强度的动作组成的练习。所有的球类项目、摔跤、拳击、山地滑雪等都是这一类型运动的代表。

3.以人体运动能力和技术动作结构为依据的分类练习

(1)周期性单一练习方法。周期性重复进行单一结构动作的身体练习,就是所谓的周期性单一练习方法。由于该类练习动作相对简单,动作环节相对较少,因此,较易使练习者学习、掌握并强化主要环节的训练。另外,由于这一类型练习的动作方式较易设计,因此,可以作为体能主导类速度性、耐力性运动项群的主要练习手段和其他项群的基本练习手段。

具体来说,周期性单一练习方法主要有:全身周期性练习(各种快跑练习、跳推杠铃练习、拉测功仪练习)、局部周期性练习(快速挥臂练习、卧推杠铃练习、拉橡皮带练习)这两种。

(2)混合性多元练习方法。所谓的混合性多元练习方法,实际上就是将几种单一结构的动作混合进行的身体练习。这一类型的练习方法有动作相对复杂、动作环节相对较多的特点,因此,对于形成复杂动作的神经联系、提高技能的储备量,学习、掌握较为复杂的技术动作都是较为有利的。同时,由于该类练习的技术动作以非周期的方式在练习的整个过程得到体现,因此,对于提高动作的协调性素质和时空感知能力,进而提高运动员的整个运动能力都是较为有利的。该类练习有着较多的动作环节,因此较易掌握不同环节的动作方法。另外,该类练习动作特点与体能主导类力量性、技能主导类对抗性项群技术特点是非常相近的,因此,可以将该类练习手段用作这些项群的主要练习手段。

具体来说,混合性多元练习方法主要有:全身混合性练习(跑动跨跳练习、助跑掷枪练习、助跑扣球练习)、局部混合性练习(助跑起跳练习、助跑掷球练习、摆浪收腹练习)两种。

(3)固定组合练习方法。所谓的固定组合练习方法,实际上就是将多种练习手段依固定形式组合的身体练习。在全民体育健身过程中运用这一练习方法,会起到非常重要的影响和作用,具体表现在以下四个方面。

①在成套的固定组合的练习动作的学习、掌握、巩固和应用方面难度较小,这对于练习动作的娴熟化是非常有利的。

②在与技术动作相匹配的运动机能和运动节奏的获得方面较为容易,有利于运动能力的进一步提高。

③复杂动作的暂时性神经联系的形成、技能储备量的提高,以及较为复杂的技术动作的学习、掌握都是较为容易的。

④运动的协调性素质和时空感知能力的获得方面难度也较小。

可以说,由于该类练习动作特点与技能主导类表现性项群技术动作的特点基本相同,因此,该类练习手段可以作为上述项群的主要练习手段。

具体来说,固定组合练习方法主要包括两个方面的内容:一个是各种自选拳练习,另一个是各种协调性练习。

(4)变异组合练习方法。所谓的变异组合练习手段,实际上就是在多元动作结构下，将多种练习手段依变异形式组合进行的身体练习。各种变异组合的练习在全民体育健身中的运用也有着非常重要的作用，具体如下：

①能够有效提高运动过程的应变能力。

②能够有效提升对复杂状态的预见能力。

③能够使各种运动战术的应用能力得到提高。

④能够使与运动技术、运动战术相匹配的运动机能能力得到提高。

⑤能够使对信号刺激的复杂反应能力得到提高，同时提高技能的储备量和掌握较为复杂的技术动作。

⑥能够使运动的灵敏性素质和时空感知能力得到有效提高。

具体来说，变异组合练习方法的具体形式主要有：完整变异组合练习（各种格斗性对抗练习、各种同场性对抗练习、各种隔网性对抗练习）、局部变异组合练习（进攻战术配合练习、防守战术配合练习）两种。

三、休闲健身手段与方法

随着现代社会的不断进步和发展，人们的休闲体育生活不断得到丰富，因此，休闲健身也成为现代社会健身的重要方法和手段。具体来说，休闲健身方法的形式主要有以下三种。

（一）非运动性休闲健身活动

当前，竞技体育发展迅速，各种各样的比赛不断举办，因此，越来越多的人参与到竞技体育赛事的观赏中，并且观赏竞技体育赛事已经成为人们日常生活中的一个重要方面。通过对竞技体育竞赛的观赏，能够欣赏到运动员高超的技艺，使观众有愉悦的精神享受；同时，在体育比赛中运动员勇敢拼搏的精神，对观赏者能够起到积极的教育作用以及陶冶情操的作用。除此之外，经常观看体育节目，还能够起到调节人的心理平衡的作用，同时，这对于个人自我修养的培养等也是有所助益的。

人们欣赏体育比赛和表演的内容是丰富多彩的，其中，运动员的健美体型、气质、高超的技艺和比赛作风等是最主要的部分。此外，热闹的比赛环境、裁判员作风、体育建筑的壮观华美等也都在一定程度上影响着体育欣赏者。

体育的欣赏作用是非常显著的，但是，为了保证其在人们陶冶情操方面的影响和作用，需要对有些事项加以注意。

首先，要使欣赏的对象不断得到充实和丰富，并且不断将一些优秀的体育比赛和表演开发和挖掘出来。

其次，要有效提升欣赏者自身的综合素质。体育比赛举办的主要目的，不仅是进行体育运动能力的竞技，还是宣传文明、弘扬真理、营造团结祥和气氛的重要途径和方式。因此，要求观赏者文明观赛，维护好赛场的气氛。同时，观赏者对体育运动知识的了解和认识也要进一步加强，明确各项比赛的规则要求等，从而有效提升观赏者欣赏赛事的水平。

(二)运动性休闲健身活动

运动性休闲健身活动所包含的内容也是丰富多样的，其中，最具有代表性的有两大类。一类是开展篮球、足球、排球、羽毛球、乒乓球、网球、保龄球、高尔夫球等球类运动；另一类是进行游戏、跑步、骑自行车、武术、登山、旅游、健(身)美操、健美舞等。积极参与到这些活动中，能够起到健身健美、消遣娱乐、陶冶性情的作用。一般来说，相较于日常体育锻炼活动，运动性健身消遣活动在内容选择上应当更为随意，运动负荷安排应当更小一些，在活动环境上应当尽可能优雅舒适，使机体和情绪更为松弛。

在人们日常生活中，要想达到陶冶情操、充实生活、锻炼肌力和增进身心健康的健身的目的，垂钓、养花与放风筝等活动也是不错的选择。

(三)智力性休闲健身活动

下棋、打牌、作画、吟诗、音乐、摄影、集邮等都属于智力性休闲健身活动的范畴。在现代社会中，下棋、打牌都已被列入体育运动项目之中。

对于老年人来说，下棋是他们非常喜爱的一项文化娱乐活动。因为通过下棋，能够使他们的业余生活得到丰富和充实，精神得到有效调节，同时还能对人的智力进行锻炼。对于思维能力的提升，老年人的记忆力衰退、健忘等的预防都有着非常理想的效果。

需要强调的是，下棋有益于身心健康，但是，还有一些方面的问题需要注意。比如，不要过分看重胜负，不要因输棋而生气；下棋的时间要适宜，不能过长，否则，长期处于一种姿势，会使身体机能下降，引发相关疾病缠身，不利于健康，这就与下棋这一休闲健身活动的目的相违背了。

第四节　不同季节的体育健身方略

对于运动员来说，体育健身锻炼并不是某个季节的活动，而是一年四季都要坚持进行的，这样才能对运动员的身心产生非常积极的影响和作用。但是，由于一年四季有着不同的特点，因此，在进行体育健身锻炼时，也要根据季节的变化而进行适当的调整，并且还要做好相应的准备与预防工作，以此来保证健身锻炼的安全性、科学性以及有效性。

一、春季体育健身

（一）春季的季节特点

一年之计在于春，春意盎然，在这样的季节来进一步维持和增强健康是非常好的事情。但是，春困会使人们的精神倦怠，导致这一问题的主要原因在于冬天天气比较寒冷，人的新陈代谢比较慢，需要的氧气也很少，而春天天气突然转暖之后，人的新陈代谢的速度就会变快，需氧量大增，供氧量就显得相对不足，因而导致人的身体感到困乏和不适。需要强调的是，这是一种正常的现象，但是，也需要借助于一定的方式和方法来有效克服这一问题。

第一，要将日常的生活起居做好安排。总是犯困，就说明睡眠存在不足，因此，这就要求一定要有规律地遵照制订好的作息时间进行休息，早睡早起，保证睡眠的时间和质量。

第二，在饮食方面也要有所调整，注意不在睡觉前喝浓茶或者咖啡，这都会对睡眠产生不利影响。但是，可以在早餐后喝上一杯浓浓的咖啡，午休后喝上一杯浓茶，这对于大家工作期间保持兴奋是有好处的。

第三，勤加锻炼也是缓解春困的有效方法之一。经常进行健身锻炼，能够使人的体质增强，对外界环境的适应能力就会增强，精力也会较为旺盛。

（二）春季进行体育健身锻炼的重要意义

勤加锻炼，能够缓解春困，也能使运动员的体质增强，但是，这需要首先对自身的身体状况有细致的了解，并且以此为依据来将锻炼的方式、运动量确定下来，否则，不仅不会取得理想的健身效果，反而会造成不必要的损伤，危害健康。

在春天这个生意盎然的季节里，森林中的鸟语花香、新鲜空气对于健身运动的疲劳消除、精神放松都是非常有好处的,因此,森林浴就成为春季体育健身最好的选择。森林浴对于人体正气的培养,防病抗邪等都有着非常显著的效果。春天人们除采用或沿袭原有的健身方式外,可多进行一些森林浴。

(三)春季进行体育健身锻炼的科学指导

一般来说,森林浴的具体做法有很多种,其中,最为主要的有以下七种,具体可以根据实际情况和需要加以选用。

1.散步

当人们漫步于浓荫之间时,各个关节能够将其各自的功能充分发挥出来,身体的四肢及五脏六腑等也会自动协调,有韵律地活动着,这对于细胞新陈代谢会起到积极的促进作用。

2.做体操

人们在森林中行走、做体操,能够使筋骨和肌肉得到有效的舒展,骨骼和肌肉的老化过程会有所舒缓,对人们的长寿是有益的。

3.推拉运动

人们用手抓住树木的某个部位,全身随手臂的屈伸做来回推拉运动,这种健身方式对于腰痛会起到很好的治疗效果,除此之外,这对于头、肩、背部的舒展,疲劳的消除也是有帮助的。

4.闭目养神

人们在森林中闭目养神,忘掉周围的一切,在幽静的环境中,使大脑极度放松,能够使人的自律神经系统得到有效调节,同时,在神经衰弱、失眠等方面还有着非常显著的疗效。

5.腹式呼吸

深吸一口气,在15～20 s内将气全部缓慢呼出;用鼻呼吸10～20 s;暂停呼吸5 s左右。将上述3个动作连续做10～15次,能够使五脏六腑得到有效的调节。

6.仰天长啸

当你情绪低落的时候,在森林中放开喉咙,昂首挺胸,仰望天空,尽情地、有节奏地发出吼声或呼叫声,每间隔30 s至1 min吼叫一声,10～20声为一次,每日一次,就会感觉精神振作、轻松愉快、心平气和、胃口大开。

7.日光浴

由于森林中树叶的作用,阳光疏密适中,人体能适当地受到紫外线的照射,这对于人的体质的增强是非常有帮助的。

二、夏季体育健身

(一)夏季的季节特点

夏日炎炎,人们稍微动一动就会出汗,似乎并不适合进行体育健身运动。这也是很多人夏天犯懒,放弃体育健身锻炼的主要原因。实际上,夏季是人体新陈代谢最活跃的季节,只要注意劳逸结合,通过适当的调整,就能取得比较理想的健身效果。同时,体质的增强,对于人们安然度夏也是有帮助的。

(二)夏季进行体育健身锻炼的重要意义

"冬练三九,夏练三伏",意思是说越是环境恶劣,越要进行体育健身锻炼,这样,能够使身体素质得到持续性的提升。在热环境下锻炼,能使皮下毛细血管扩张,体腺开放加速,散热能力得以提高,使肌体有更强的调节体温的能力,所以很多专家提倡"夏练三伏"。

从现代医学的角度上来说,科学合理的体育健身锻炼,能够使人体各个系统的功能得到有效的改善,从而起到祛病延年、健康长寿的作用。夏季高温闷热,人体消耗能量特别大,各器官的衰老比其他季节更为明显。如果能够在夏季坚持锻炼,还能起到较为显著的抗衰健体效果。

总的来说,夏季坚持进行各种项目的体育锻炼,能够使人精神愉快,保持身体健康,对大自然的适应能力进一步增强。

(三)夏季进行体育健身锻炼的科学指导

坚持进行体育健身锻炼有着非常重要的意义,但是,也要注意科学健身,顶着烈日运动不止的方法是不可取的,具体来说,需要对以下八个方面加以注意。

1.不要在高温环境下进行健身锻炼

夏季健身,往往以低运动量、短时间的方式为宜,通常可以在一天中较为凉爽的时段进行健身锻炼,也可以利用空调降温装置。阳光强烈的正午到下午2时,尽量不要参加户外运动,否则不利于身体健康。

2.服装要具有吸汗的特性

在夏天进行健身锻炼,必须要穿吸汗功能好的棉质衣服。总的来说,运动服不能过紧,否则会导致汗液排不出去,对心脏造成很大的压力。如果健身运动后衣服被汗浸湿,要及时更换干燥的衣服,避免受凉。

3.提前做好水分的补充工作

体育健身锻炼会导致大量出汗,人体内的水分流失就会加速,因此,这就要求在进行体育健身锻炼前半小时应喝 800 mL 水。如果在户外进行体育健身的时间超过 30 min，一定要带瓶水，含一定盐分的水是最佳选择。

4. 摄入的食物要合理

在体育健身锻炼前一小时，可以适当吃一些主食或水果之类的食物，从而避免因摄入热量过低而导致体力不佳的情况。

5. 体育健身锻炼后要适量进食

在体育健身锻炼之后，要遵循少量多次的原则饮水，从而使因过多过猛饮水而导致血液循环系统、消化系统，特别是心脏负担加重的情况得到有效避免。另外，体育健身锻炼后的饮食也要注意，太冷和太热都不可取。

6. 不可采取急剧降温的方式

在体育健身锻炼结束后，洗冷水澡或吹电扇、开空调的情况都是要严格避免的。究其原因，主要是由于在体育健身锻炼后，全身各组织器官新陈代谢增快，扩张的毛细血管突然遇冷马上收缩，会打乱体内器官正常功能，容易患伤风感冒。

7. 防暑措施非常有必要

如果要在户外进行体育健身锻炼，那么，运动墨镜、太阳帽、防晒霜这些东西都是必备的，除此之外，清凉油、藿香正气水(丸)也是用来预防中暑的有效措施。条件允许的话，心率监控器也可以带着。

8. 运动强度要适当降低

游泳是夏季体育健身锻炼最佳的选择，因为其兼具健身和降温的双重作用。在阳光下行走时，可以用水把太阳帽浸湿；在阳光照射不到的地方行走时，把帽子摘掉；注意勤休息，休息时可解开上衣领口并放下随身携带的背包。

三、秋季体育健身

(一)秋季的季节特点

秋季是从夏季到冬季的过渡，具体来说，其是由热转凉，再由凉转寒的季节。从立秋到霜降，秋季的气候变化经历了由热转凉，由凉转寒两个阶段。

(二)秋季进行体育健身锻炼的科学指导

在秋季进行体育健身锻炼时，需要注意有以下九个方面问题。

1. 选择合适的服装，避免感冒发生

和夏季不同，秋季清晨的气温已经开始有些低了，锻炼时一般出汗较多，这时候就要求进行健身锻炼时一定要穿着保暖的衣服，待身体适应之后，再逐渐减少衣服的数量。尤其需要强调的是，老年人清晨起床时，要缓慢行之，不可过猛过急，避免一些疾病的产生。

2. 做好及时的补水工作，防止秋燥

从潮湿闷热的夏季进入秋季，气候就会变得非常干燥，温度也降低不少，咽喉干燥、口舌少津、嘴唇干裂、鼻子出血、大便干燥等症状往往就容易产生。再加上体育健身锻炼，水分的流失会使人体缺乏水分的反应更加明显，所以，这就要求在体育健身锻炼之后，一定要多喝开水，多吃梨、苹果、乳类、芝麻、新鲜蔬菜等柔润食物，或是平时多喝冰糖梨水、冬瓜汤等来保持上呼吸道黏膜的正常分泌，从而有效避免咽喉肿痛的情况发生。

3. 要遵循循序渐进的原则

适度的体育健身锻炼，才会对人的身体产生益处。从中医理论讲，秋季是人体的精气处于收敛内养的阶段，因此，这就要求体育健身锻炼也要顺应这一原则，运动量应由小到大，循序渐进。在进行体育健身锻炼时，要根据自身身体的反应来对运动健身的强度加以调整。

4. 做好安全保护工作，避免损伤发生

秋季气温降低，人的肌肉和韧带在这样的环境中就会容易反射性地引起血管收缩，关节生理活动度减小，因而肌肉、肌腱、韧带及关节的运动损伤就会较容易出现。因此不仅要做好充分的准备工作，保护措施也是非常有必要的。

5. 早上不要空腹健身锻炼

由于体育健身锻炼会消耗人体的能量，而清晨人体已经经过夜间的新陈代谢，可供消耗的能量非常少，因此，在早上进行体育健身锻炼时，必须适量进食，从而有足够的能量供体育健身消耗，进而保证身体健康。

6. 饭后不宜马上进行体育健身锻炼

由于现代社会中，人们的生活压力大，生活节奏非常快，用于体育健身锻炼的时间非常少，因此，晚饭后往往就成为很多人健身锻炼的“黄金时间”。但是，饭后立即进行健身锻炼是不利于健康的，通常以在饭后 30 min 后再进行运动为宜。

7. 选择适宜的场所进行晨跑锻炼

秋季在林荫大道上慢跑，呼吸清新的空气，对于人体健康是非常有利的。

城市中的马路却并不是晨跑的理想场所，主要原因在于其安全性低，污染严重。所以，公园等安静又干净的地方才是晨跑的理想选择。

8.保证良好的睡眠

对于体育健身锻炼者来说，良好的精神状态是非常重要的，而这就要求睡眠质量非常好且充分。所以，在秋季要遵照人体生物钟的运行规律，养成良好的睡眠习惯，这时，再加上有序、科学的锻炼，才能保证身体素质的不断提升。

9.对饮食加以调整

秋季天气转凉，人们都会食欲大振，使热量的摄入大大增加，人体在脂肪的囤积上也较为积极。因此，这就要求在秋季多吃有营养的食物来增强体力的同时，也要注意体重增加，尤其是本身就肥胖的人。赤小豆、萝卜、竹笋、薏米、海带、蘑菇等低热量的食物是较为理想的选择。

四、冬季体育健身

（一）冬季的季节特点

冬季的冷空气，会引起表皮血管收缩，这就使暖和的血液流至体表受到阻止，血液向体表传热也受到一定的限制。如果长时间处于这种状态，就会导致皮肤冻伤的情况发生。

对于一些易感人体来说，冷空气能诱发心绞痛或哮喘等上呼吸道疾病的发生。严重者还会导致冻疮等的发生。因此，这就要求体育健身锻炼者的衣着要保暖，避免冻疮的发生。

在低温环境下，身体散热快于产热，结果使体温下降。由于风和环境的潮湿度等综合作用，大多数体温降低都发生在0℃以下，当身体浸于水中时，从体表散热比在相同温度的空气中要快20倍。而让健康的人能在寒冷的环境下坚持更长的时间并减少降低体温的可能性，是体育健身锻炼的主要目的所在。

（二）冬季进行体育健身锻炼的科学指导

在冬季的寒冷环境中进行体育健身锻炼，需要对以下八个方面的事项加以注意。

1.体育健身锻炼不宜骤然进行

在冬季进行体育健身锻炼前，首先要做些简单的四肢运动，从而使韧带和肌肉扭伤的情况得到有效避免。

2.不要在雾天进行体育健身锻炼

雾中含有大量的尘埃、病原微生物等有害物质，如果在大雾天进行体育健身锻炼，会由于呼吸量增加而导致肺内吸进更多的有害物质，不利于身体健康。

3. 养成用鼻子呼吸的习惯

在冬季进行健身锻炼，应养成用鼻子呼吸的习惯，这样能够有效滤清空气，使气管和肺部不受尘埃、病菌的侵害。另外，寒冬气温低，冷空气在鼻孔中穿过的过程就能起到加温的作用。

4. 要做好保暖工作

为了有效隔离冷空气，要穿合适的多层保暖衣服。开始进行健身锻炼时，不应立即脱掉外衣，要等身体微热后再逐渐减衣，锻炼结束时，应擦净身上的汗液，立即穿上衣服，从而避免着凉感冒。

5. 不宜早起外出锻炼

冬季的早晨空气并不新鲜，相关的实验证实，只有下午 4 时左右的空气才富含负氧离子。

6. 不要在极冷或大风中锻炼

冬季，户内运动锻炼或者休息调整是较好的选择。

7. 尽可能地保持锻炼场所适宜的温度、湿度

由于汗液从皮肤蒸发能迅速降低体温，因此，尽可能地保持锻炼场所适宜的温度和湿度也是非常重要的。

8. 科学处理锻炼者体温低的问题

如果出现这一情况，要及时让锻炼者离开寒冷环境，并脱去其湿衣服，使其喝热饮料并睡在暖和的睡袋中。

第四章 全民健身背景下不同运动的基础知识

第一节　全民健身背景下的球类基础知识

球类运动是体育运动的一类，它是篮球、羽毛球等运动项目的总称。球类运动是一项综合性体育运动，要求参加者不仅要具有良好的跑、跳、投等基本运动能力，而且要熟练掌握并运用各项球类的专门技术和战术。本节对全民健身背景下人们常见的两种球类运动——篮球、羽毛球进行简单介绍。

一、篮球

（一）篮球运动概述

篮球运动是 1891 年由美籍加拿大裔詹姆斯·奈史密斯发明的。他从儿童向装桃子的篮筐内做投掷游戏而受到启发，并博采足球、曲棍球等其他球类项目的特点，创编了篮球游戏。

1904 年在第 3 届奥林匹克运动会上第 1 次进行了篮球表演赛。1936 年第 11 届奥运会将男子篮球列为正式比赛项目，并统一了世界篮球竞赛规则。

篮球运动是由人体基本活动跑、跳、投等组成的快速、激烈的运动。经常参加篮球运动，能发展灵敏、速度、力量和耐力等身体素质，促进青少年的身心正常生长发育。由于篮球运动是在团体间对抗和变化条件下进行的，因此经常参加篮球运动不仅可以提高神经系统的灵活性、应变能力和大脑的分析综合能力，还有利于提高群体意识、团结合作、顽强拼搏的意志品质和良好的心理素质。

（二）篮球运动基本技术

1. 移动

移动是篮球运动员为了改变位置、方向、速度和争取高度所采用的各种脚步动作的统称。移动是篮球进攻技术动作的基础,又是完成战术的前提。

(1)基本站立姿势。基本站立姿势是一切移动步伐的技术关键。

动作要领:两脚前后或左右开立,距离比肩稍宽,脚跟微离地,身体重心平稳两脚间,两膝微屈,上体稍向前倾,抬头含胸,两眼平视前方,两臂屈肘垂体侧。

针对练习:做好基本站立姿势后,重心转移至一脚,再转移到另一脚,反复倒换身体重心,并保持平稳。

(2)起动。及时、突然、快速地起动是进攻队员摆脱防守的有效方法之一。

动作要领:从正确的基本站立姿势开始,以起动方向的后脚或者异侧脚前脚掌迅速用力地蹬地,同时上体前倾或侧转,向前进方向平移,手臂摆动迅速有力,身体各部位放松,并注意观察球和同伴、对手和球篮的关系。

(3)跑。跑是篮球运动员为了改变位置、方向和提高速度的方法,是移动方法中运用最多的一种。

①变速跑。变速跑是篮球运动员在跑动中运用速度的变换来进行攻守转换的一种方法。

动作要领:跑动加速时,前脚掌短促而有力地向后蹬地,上体稍前倾,前两三步步幅小而频率快,两臂配合摆动;减速时,前脚掌用力抵住地面,减缓重心前移,步幅稍大上体直,降低跑的速度。

②变向跑。变向跑是篮球运动员在跑动中突然改变跑动的方向来摆脱防守的一种方法。

动作要领:(以从右向左为例)在跑动中,右脚前脚掌落地,屈膝降低重心,用前脚掌内侧用力蹬地,同时扭腰转胯,左脚突然加速向左前方迈出一小步,同时上体左侧转,腰腹配合转移重心,上体前倾向左加速跑动。

③侧身跑。侧身跑是篮球运动员在跑动中为了更好地观察场上的情况和快速摆脱防守的一种方法。

动作要领:向前跑动时,头部和上体自然地转向球,上体放松,脚尖朝向跑动的前进方向,保持跑动速度,同时观察场上局面。

④闪躲跑。闪躲跑是篮球运动员在跑动中,合理运用虚晃动作改变跑的方向和加速闪跑的速度,来摆脱防守获得进攻机会的方法。与变向跑相似。

跑的针对练习:对角线折线跑或在标志杆前做各种跑的练习。

(4)急停。急停是指篮球运动员在快速跑动中突然制动。

①跳步急停(一步急停)。

动作要领:在跑动中,用单脚或双脚起跳,腾空低,两脚同时落地,落地时两脚前脚掌用力抵地,上体稍向后仰,屈膝降低重心,两臂屈肘置于体侧,两眼平视,保持身体平衡。

②跨步急停(两步急停)。

动作要领:在快速跑动中,先向前跨出一步,用全脚掌着地抵住地面,屈膝缓冲;同时上体稍后仰;第二步着地时,脚尖稍向内转(向第一步的方向内扣),并用前脚掌内侧用力蹬地,屈膝使重心下降,两臂屈肘置于体侧,两眼平视,保持身体平衡。

急停的针对练习:慢速行进中做急停练习;快速跑动中听哨声做跨步或跳步急停练习。

(5)跨步。跨步是进攻队员急停后,以一脚为中枢脚,另一脚向左侧前或右侧前方跨出,但不改变身体方向的一种步法,是持球突破技术常用的步法。

①异侧步。动作要领:以左脚为中枢脚跨步时,双膝弯曲,左脚前脚掌用力抵地,右脚用力蹬地向左侧前方跨出,上体向左侧转动并前倾,同时抬头两眼平视前方。

②同侧步。动作要领:以左脚做中枢脚跨步时,上体积极前倾,右脚迅速向右前方跨一大步,同时上体右转,左肩积极下压。左脚内侧用力蹬地,在左脚离地前,用右手推按球于右脚外侧前方,然后左脚迅速跨步抢位,加速运球超越对手。

跨步的针对练习:两人一组一球,相距 2 m 面对站立。轮流做同侧步、交叉步突破练习,相互检查中枢脚是否移动,跨步、转体探肩是否正确,推按球是否及时。

(6)转身。转身是以一脚为中枢脚,另一脚蹬地向前或向后方向跨出,来改变身体方向的一种动作方法。转身在篮球比赛中运用非常广泛,例如转身保护球、转身摆脱、转身跳投、转身抢篮板等。

①前转身。动作要领:转身时,移动自己中枢脚前的方向跨步移动,中枢脚提踵,前脚掌辗地,移动脚用力蹬跨,腰部扭转带动身体平稳转体。

②后转身。动作要领:移动脚向中枢脚后的方向跨步,前脚掌辗地,膝关节

内扣，配合腰部扭转，带动向后转身。

(7)跳。跳是队员在比赛中控制空间、争取高度和远度的一种方法。

①双脚起跳。在原地或者停后运用较多，主要用于跳球、跳起投篮、抢篮板球等。

动作要领：两脚自然开立，屈膝，重心下降，上体稍向前倾，两臂屈肘微外张。起跳时，两脚用力蹬地，两臂同时快速向上挥摆并用提腰的力量，使身体向上腾起，身体在空中要自然伸展，维持平衡。落地时，用前脚掌先着地，屈膝缓冲。

②单脚起跳。多在助跑情况下运用，主要用于行进中投篮、接球和冲抢篮板球等。

动作要领：起跳时，最后一步一般较小，起跳脚微屈前送，用脚跟先着地过渡到全脚掌用力蹬地，两臂上摆提腰，另一腿屈膝上提，当身体达到最高点时，摆动腿伸开一起跳自然并拢，落地时要屈膝缓冲。

跳的针对练习：半蹲跳、收腹跳、蛙跳、单腿跳练习；助跑几步，变向，转身，再作双脚起跳或单脚起跳练习。

2. 传、接球

传、接球技术是篮球运动的重要技术之一，它是进攻队员在场上相互联系和组织进攻的纽带，是实现战术配合所必须具备的基本技术。传、接球必须做到及时、准确、隐蔽。

(1)传球。

①双手胸前传球。双手胸前传球是一种最基本而又最常用的传球方法，可在不同方向、不同距离中使用。

动作要领：两手手指自然分开，拇指相对呈“八”字形，用指根以上部位持球的两侧后方，手心空心。肩、臂、腕部肌肉放松，两肘自然弯曲于体侧，将球置于胸腹之间。身体成基本站立姿势，两眼注视传球目标。传球时，后脚蹬地，身体重心前移的同时前臂迅速前伸，手腕前屈，翻腕抖腕加拨指，拇指用力向下压，食、中指用力弹拨将球传出。球出手后拇指和手心向下，其余四指向前。整个动作要协调，两手用力要均匀，全身动作要连贯，身体应保持平衡(图 4-1)。

图 4-1　双手胸前传球

②双手头上传球。双手头上传球,可以越过防守队员,传给位于远处前场处于有利位置的队友。

动作要领:持球方法与双手胸前传球相同。双手举球于头上,两肘和手心向前。传球时,脚蹬地,腰腹用力带动上臂发力,小臂前摆,手腕前扣并外翻,同时拇、食、中指用力向前拨球(图 4-2)。

③单手肩上传球。单手肩上传球是最基本的传球方法,而且是经常运用的一种远距离传球方法。

动作要领:(以右手传球为例)两脚平行开立,传球时,左脚向传球方向迈出半步,同时双手将球引到右肩侧上方,右手大臂与地面近似平行,前臂与地面近似垂直,手腕后屈,右手持球的后下方(单手持球),重心落在右脚上。出手时,右脚用力蹬地,同时转体带动上臂迅速前甩,手腕迅速前扣,通过食、中、无名指的弹拨下压动作将球传出。球出手后,右脚向前迈出半步,保持基本站立姿势(图 4-3)。

图 4-2　双手头上传球

图 4-3　单手肩上传球

(2)接球。

①双手胸前接球。动作要领:接球时,两眼注视来球,双臂自然伸出迎球,手指自然分开,肘关节微屈,两手拇指相对呈“八”字形,掌心稍向前,两手形成一半圆状。当手接触球后,两臂随球后引,置胸腹之间。

②双手头上接球。动作要领与双手胸前接球相同。只是两手臂是向前上方伸出迎球,手指向上。

③双手腰部接球。动作要领:接球时,一脚向前跨出,上体前倾,重心落在前脚。双手向前方伸出迎球,手指自然分开,掌心向着来球方向。触球后,两臂顺势屈肘收回,接球于胸腹之间,保持基本站立姿势。

④双手接反弹球。动作要领:接球时,目视来球,迎球上步,身体前倾。两臂向前下方伸出球,在球刚刚弹起时,五指张开手触球,顺势握球胸腹间,保持身体基本站立姿势。

⑤双手接地滚球。动作要领:接球时,目视来球,向来球方向跨出一步,身体下蹲,两臂伸出迎接球,掌心向前指朝下,触球顺势握住球。

⑥单手接球。动作要领:(以右手为例)两眼注视来球,手臂微屈,手指迎着来球方向自然分开,触球时,右手顺势向后下方引球,左手帮助持球。

传、接球的针对练习:两人面对面地传接球练习;移动传接球练习,包括移动中接前、后、左、右的球,三角传接球练习,“八”字形接传球切入练习等。

3.运球

运球是持球队员在原地或移动中,用单手连续按拍和迎引从地面反弹起来的球的动作方法,它是控制、支配球,组织战术配合及突破防守的重要手段。

(1)高运球。动作要领:运球时,抬头目视前方,上体稍前倾,以肩为轴,手用力向前下方拍按球,球的落点在身体的侧前方,高运球反弹的高度高、距离远、速度快,便于观察场上情况(图4-4)。

(2)低运球。动作要领:运球时,两腿深屈,降低重心,上体前倾角度要大,以身体和靠近防守队员一侧的腿来保护球。拍球时,以肘为轴,控制球从地面向上反弹的高度在膝关节以下,以便更好地控制球和摆脱防守继续前进(图4-5)。

图 4-4　高运球

图 4-5　低运球

(3)运球急停急起。动作要领：在快速运球中，突然急停时，手拍按球的前上方，两脚做跨步急停，并降低重心，维持身体平衡。运球急起时，后脚用力蹬地，上体迅速前倾用手拍按球的后上方，迅速起动向前运球，要注意用身体和腿来保护球。

(4)体前变向换手运球。动作要领：运球队员从对手右侧突破时，先向对手左侧运球，当对手向左侧移动时，运球队员突然改变方向。变向时，右手拍球按球右上方，使球落点靠自己左侧。同时，左脚向左前方跨出，上体向左扭转，侧肩，以臂、腿和上身护球，然后用左手拍按球的正后方，手的动作要快，球反弹的高度要低，右腿迅速跨出从对手的右侧突破(图 4-6)。

图 4-6　体前变向换手运球

(5)运球转身。运作要领：(以右手运球为例)运球转身时，侧对防守，左脚在前做中枢脚，将球控制在身体右侧，右手按球的右侧上方，随着后转身右脚蹬地后撤的同时，将球拉向身体后侧方落地反弹，即换左手运球，从对手的右侧突破。

运球的针对练习：原地高运球、低运球，体会基本动作；原地双手运两个球，提高控球能力；行进间运球急停急起、体前变向换手运球等练习。

4. 投篮

投篮是进攻队员将球投入篮筐的方法，是篮球运动中最重要的技术。

(1)原地投篮。原地投篮是篮球运动中最基本的投篮方法,是行进间投篮和跳起投篮的基础。

①双手胸前投篮。双手胸前投篮是双手投篮中基本的投篮方法,是其他双手投篮技术动作的基础。一般女子多用这种投篮方式。

动作要领:双手持球于胸前,肘关节自然下垂,两膝微屈.两脚前后或左右开立,重心落在两脚上,上体稍前倾,目视瞄准点。投篮时,两脚蹬地,腰腹伸展,抬肘,两手腕同时外翻,指端拨球,用拇指、食指、中指投出,腿、腰、臂自然伸直(图 4-7)。

图 4-7 双手胸前投篮

②单手肩上投篮。这是现代篮球运动中应用最广泛的一种投篮方法。

动作要领:右手五指分开,向后屈腕,屈肘持球于肩上,左手扶球的左侧,前臂与地面接近垂直,目视瞄准点,出手时,两脚蹬地发力,腰腹伸展,两臂充分伸直,拇指向前压送,两手腕同时外翻,指端拨球,用拇指、食指、中指投出,腿、腰、腹、臂自然伸直。身体重心应随出球的方向上升,脚跟提起(图 4-8)。

图 4-8 单手肩上投篮

(2)行进间投篮。

①行进间篮下单手肩上投篮。这是快攻和突破到篮下时常运用的一种投篮方法,投球命中率较高。

动作要领:以右手投篮为例,投球时,右脚向前跨出一大步接稳球,接着左脚跨小步用力起跳,右腿屈膝上抬,同时举球于肩上做好投篮准备。借左脚蹬地起跳使身体腾空,上体稍后仰,当身体腾空至最高点时,右手臂柔和地向上伸直,用手腕前屈和手指的力量将球投出(图 4-9)。

图 4-9 行进间篮下单手肩上投篮

②行进间单手低手投篮。行进间单手低手投篮常用于后卫位置,手心朝上拨球入框。

动作要领:以右手投篮为例,投球时,跨右脚接球,接着用力蹬地向前上跳起,同时将球置于胸前。投篮时,左脚蹬地身体腾空,球转移到右手并上举,右手五指自然分开,掌心向上,手臂伸直,当接近球篮时,指腕上挑球前旋(图 4-10)。

图 4-10 行进间单手低手投篮

(3)跳起投篮。

①原地跳起单手肩上投篮。动作要领:以右手投篮为例,投球时,两手持球于胸前,两脚前后(或左右)自然开立,降低重心,两膝微屈,然后迅速用力蹬地向上跳起。同时,两手持球至肩上,右手持(托)球,左手扶球的侧方,当身体接近最高点时,右臂抬肘向上伸直,腕、指用力将球投出。

②接球急停跳起投篮。动作要领:在快速移动中接球,用跳步急停或跨步急停,突然起跳,双手持球迅速上举,同时举球至肩上方,伸臂屈腕,手指拨球(图 4-11)。

图 4-11　接球急停跳起投篮

投篮的针对练习:原地定点投篮;运球做行进间单手高手、单手低手投篮练习;自抛自接后做急停跳投练习;运球中做急停跳投练习;运球、传球、投篮综合练习,培养综合运用投篮技术的能力。

5.持球突破

持球突破是持球队员运用合理的脚步动作与运球技术,快速超越防守队员的一项攻击性很强的进攻技术。根据持球突破采用的步法,可分为交叉步突破和同侧步突破两种。

(1)交叉步持球突破。动作要领:以右脚做中枢脚为例,突破时,左脚向左侧前方迈出一小步,将防守队员引向自己左侧,同时左脚前掌内侧迅速蹬地,向右侧前方跨一大步,上体稍向右转,左肩向前下压,重心向右前方移动,左脚向右侧前方跨出,将球引于身体右侧,用右手推按球于左脚右侧前方,接着右脚蹬地加速超越对手(图 4-12)。

图 4-12　交叉步持球突破

(2)同侧步持球突破(顺步突破)。动作要领:以左脚做中枢脚为例,突破时,上体积极前倾,右脚迅速向右前方跨出一大步,同时上体右转,左肩积极下压。左脚内侧用力蹬地,在左脚离地前,用右手推按球于右脚外侧前方,然后左脚迅速跨步抢位,突破对手(图 4-13)。

图 4-13　同侧步持球突破

突破的针对练习:原地持球练习,练习者持球,做交叉步和同侧步突破动作,体会跨步、转体、探肩、护球、蹬地、加速等各个环节的协调配合;突破防守行进间投篮练习,安排一名固定防守人员,其他队员依次做突破投篮练习,动作做完之后,循环练习。

6.防守

防守是指防守队员合理利用脚步移动和手臂动作,积极抢占有利位置,阻止和破坏对手的进攻,以夺取控球权为目的。具体运用时,要"以球为主,人球兼顾",采取正确的姿势,选择和抢占有利的防守位置,保持适当的距离,运用灵活多变的步法,以宽阔的视野观察、判断对手的意图,随时依据对手和球的动向及时调整防守位置、距离和角度。

(1)防守无球队员。

①防守位置。防守队员要根据球和自己防守对手所处的位置来确定和调整自己的防守位置。防守无球队员时,防守队员要处于对手与球之间,与对手、

球要成钝角三角形。防守距离要根据对手与球、球篮的距离而定，对离球和球篮近的对手防守要紧，对远离球和球篮的对手可适当放松。

②防守姿势。防守离球较近的对手时，应采用面对人，侧向球的姿势，屈膝，重心在两脚之间，以便随时起动。近球手臂前伸，封锁其接球路线，并注意球，根据对手的移动，积极堵截对手。而当进攻队员离球较远时，可采用面向球，侧对人的姿势，两臂自然侧伸，密切观察球和人的动向，便于断球和进行协防（图 4-14）。

图 4-14 基本姿势

图 4-15 交叉步法

图 4-16 平步防守

③移动步法。防守时，防守队员要根据球和对手的移动，合理运用上步、撤步、滑步、交叉步和跑动等脚步动作，并配合身体动作，堵截对手摆脱移动路线，抢占有利的防守位置，不让对手在有威胁的进攻位置上接球（图 4-15）。

(2)防守有球队员。

①防守位置。防守队员应位于持球队员与球篮之间。一般对手离球篮近则应靠近对手一些，离球篮远则离对手远些，具体根据对手的技术特点和整体防守战术而定。

②防守姿势。采用平步防守时，两脚平行站立，两手臂侧伸或在体前不停挥摆。这种步法防守面积大，便于向左右移动，适合于贴身防守，攻击性强，能有效地阻止对手向前的趋势（图 4-16）。采用斜步防守时，两脚前后站立，前脚同侧手臂向前上方伸出，另一手臂平伸，这种姿势便于前后移动。

防守的针对练习：两人一组，进攻队员原地只做投切动作，不进行投篮和突破。防守队员快速移动，及时调整重心和步法，做好防投切的选位练习；全场一防一练习，进攻队员利用各种方式运球突破防守，防守队员则随时调整步法，保持有利位置，并伺机打球。

(三)篮球运动基本战术

1.进攻基础配合

进攻基础配合包括传切、突分、掩护和策应四种配合方法,在此只介绍前三种。

(1)传切配合。传切配合是进攻队员之间利用传球、切入等技术组成的简单配合。它包括一传一切和空切配合两种。

第一种,一传一切。④传球给⑤后,立刻摆脱对手向篮下切入,接⑤传来的球投篮(图 4-17)。

第二种,空切配合。在⑤与⑥相互传球之际,④趁其对手不备之机,突然空切篮下,接外围同伴的传球,然后投篮(图 4-18)。

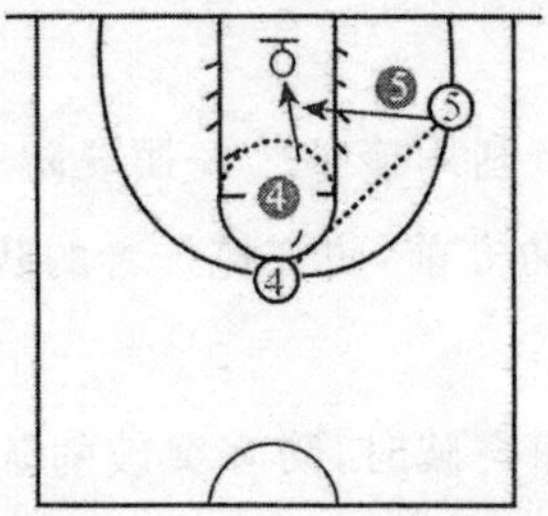

图 4-17　一传一切配合

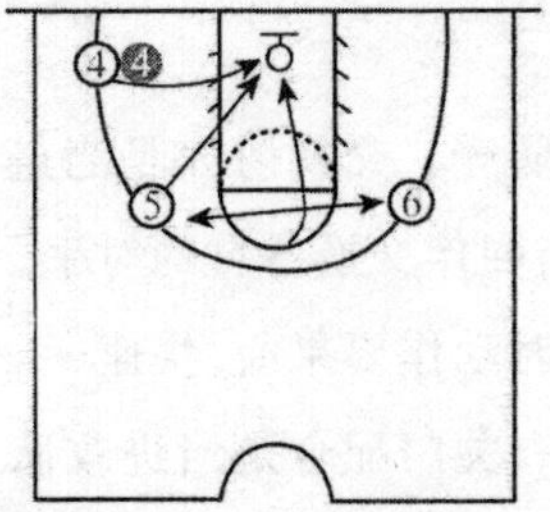

图 4-18　空切配合

传切配合要求切入队员要根据情况掌握切入的时机,果断快速摆脱对手,并随时注意接同伴的传球。当切入队员已摆脱对手并处于有利位置时,传球队员应及时、准确地把球传给他。

(2)突分配合。突分配合是持球队员突破后,利用传球与同伴配合的方法(图 4-19)。突破要突然、快速,在突破过程中做好投篮的准备同时,也要随时注意观察场上攻守队员的位置和行动,以便及时、准确地把球传给位置更有利的队友。

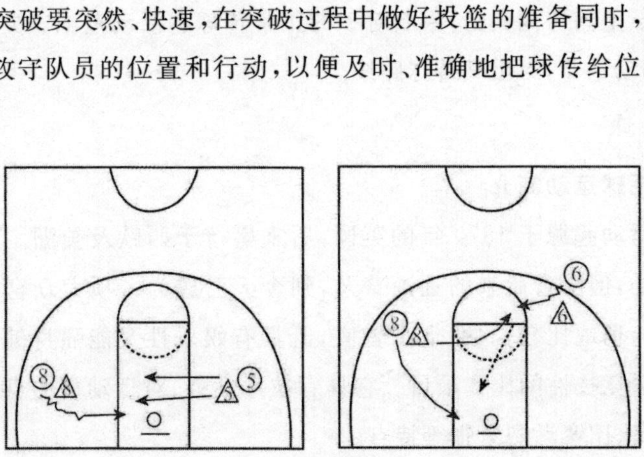

图 4-19　突分配合

(3)掩护配合。掩护配合是掩护队员采用合理的行动,用自己的身体挡住防守同伴者的移动路线,使同伴借以摆脱防守,或利用同伴的身体摆脱防守,从而接球进攻的一种配合方法。掩护配合可以由无球队员给有球队员掩护,也可以由有球队员给无球队员掩护和无球队员给无球队员掩护。根据掩护的位置和方向不同,掩护可分为前掩护、侧掩护和反掩护三种。

2.防守基础配合

防守基础配合包括挤过、交换防守、关门、夹击等配合方法。

(1)挤过。挤过是当对方做掩护,被掩护队员的防守队员主动上前时,要迅速向前跨出一步,靠近对手,从两个进攻队员之间侧身挤过,继续防守自己的对手。挤过时要贴近对手,上前抢步要快,同时要提醒同伴,并选择协防的有利位置。

(2)交换防守。交换防守是当进攻队员利用掩护已经摆脱防守时,防掩护的队员及时与同伴交换各自的对手。交换防守前,防守掩护者的队员要主动提示同伴,换防时动作要果断、快速。

(3)关门。关门配合是当进攻队员运球突破时,防守突破的队员向侧后方移动,同时临近突破一侧的防守队员迅速向突破队员的前进方向移动,与突破的队员靠拢,像两扇门一样关起来,堵住进攻者的前进路线。“关门”时,防守突破的队员要积极防守,堵住进攻队员的突破路线,临近突破一侧的防守队员及时、迅速地向同伴靠拢进行“关门”,不给突破队员留空隙。

(4)夹击。夹击配合是指当进攻队员向边角运球或在边角停球时,临近的防守队员突然上前协同夹击,限制对手的正常传球和活动范围。夹击配合要果断,并积极挥动手臂,封阻其传球路线。

二、羽毛球

(一)羽毛球运动简介

羽毛球运动起源于1870年的英国,后来盛行于西欧及美洲。刚开始它是一项贵族运动,但随着后来的逐渐普及,到今天已成为一项大众喜爱的体育项目。因器材与场地比较简便,老少皆宜,既具有娱乐性又能强身健体。羽毛球运动也是一项竞技性的比赛项目。它具有技术性强、对运动员的身体素质和智力水平要求高、比赛激烈紧张等特点。

世界羽毛球联合会于1934年成立,负责举办羽毛球国际性比赛。汤姆斯杯赛(男子)、尤伯杯赛(女子)、全英羽毛球锦标赛、世界羽毛球锦标赛等是世界最高水平的羽毛球赛事。

1988 年的奥运会上，羽毛球比赛作为一个表演项目首次登场。从 1992 年起，羽毛球被列为奥运会正式比赛项目。

羽毛球比赛分为男子团体、双打、单打，女子团体、双打、单打，男女混合双打共 7 个项目。一方先得 21 分为胜一局。一局比赛结束后，双方交换场区，再进行下一局的比赛。正式羽毛球比赛采用三局两胜制决定胜负。

羽毛球运动于 20 世纪初从西方国家传入我国的北京、天津、上海等大城市，在 20 世纪 30 年代初，天津是开展羽毛球活动较好的城市之一。

中华人民共和国成立后，于 1953 年 5 月 2 日在天津举行了全国篮球、排球、网球、羽毛球四项球类运动大会。国家体委(现国家体育总局)于 1954 年 7 月建立了羽毛球班，即首批中国羽毛球集训队。从此以后，中国羽毛球事业不断辉煌，在世界大赛中多次获冠军，促进了中国羽毛球运动蓬勃发展。

(二)羽毛球运动基本技术

1. 握拍

(1)正手握拍法。虎口对着拍柄窄面内侧的小棱边，拇指和食指贴在拍柄的两个宽面上，食指和中指稍分开，中指、无名指和小指并拢握住拍柄，掌心不要紧贴，拍柄端与近腕部的小鱼际肌平。拍面基本与地面垂直(图 4-20)。

(2)反手握拍法。在正手握拍的基础上，拇指和食指将拍柄稍向外转，拇指顶贴在拍柄内侧的宽面上或内侧棱上，中指、无名指和小指并拢握住拍柄，柄端靠近小指根部，使掌心留有空隙。球拍斜侧向身体左侧，拍面稍后仰(图 4-21)。

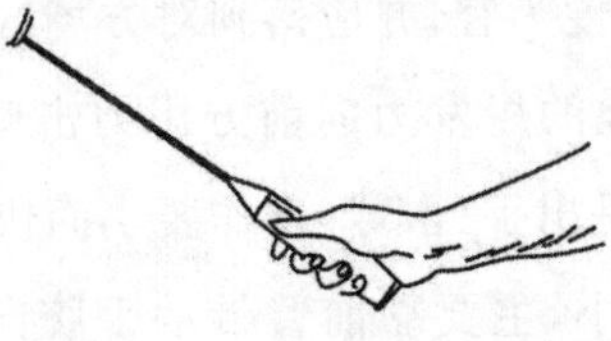

图 4-20　正手握拍法

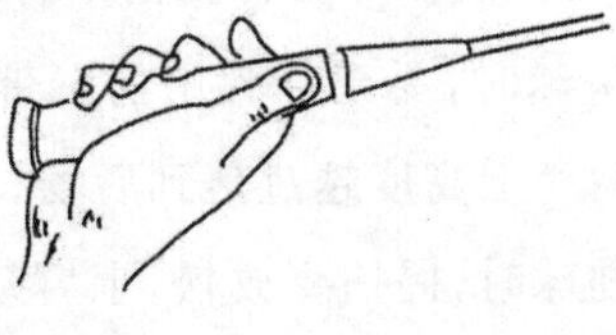

图 4-21　反手握拍法

2. 发球与接发球

(1)发球。发球可分为正手发球和反手发球，按球在空中飞行的弧线，又可分为发网前球、平快球、平高球、高远球。除高远球需采用正手发球外，其余用正手或反手发球均可。

①正手发球(以右手握拍为例,下同)。身体左肩侧对球网,左脚在前,脚尖稍向网,右脚在后,脚尖向网右侧,两脚距离与肩同宽,身体重心放在后脚上。准备发球时,右手去握拍,向右后侧举起,肘部微屈。左手拇指、食指和中指夹住球,举在腹部有前方,然后放开球,挥拍击球。击球时,身体重心由右脚移至左脚上。

用正手发不同的弧线球时,击球前的准备和前期动作是一致的,只是在击球时及其后的动作有所不同。

发高远球时,在左手放开球使之下落时,右手转拍由上臂带动前臂,自右后方沿身体向前左上方挥动。待球落到右臂向前下方伸直到能接到球的刹那,紧握球拍,并利用手腕屈收的力量向前上方发力击球。然后,球拍顺势向左上方挥动缓冲(图 4-22)。

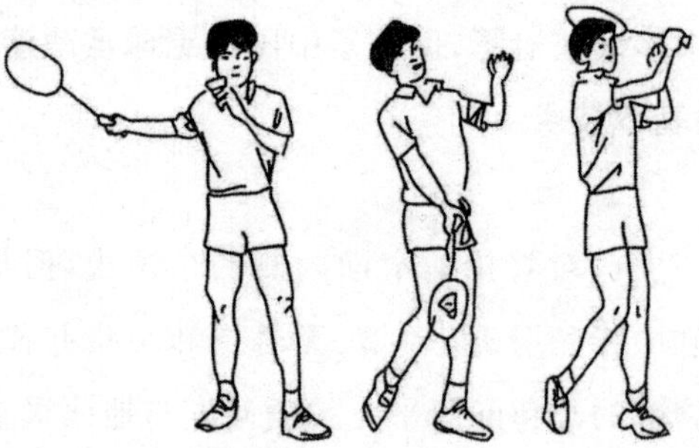

图 4-22　正手发高远球

发平向球时,动作过程大致与发高远球相同,只是在击球的一刹那,前臂加速带动手腕向前上方挥动,拍面要向前上方倾斜,以向前用力为主。应注意的是,发出球的弧线以对方伸拍击不着球的高度为宜,并应落到对方场区底线。

发平快球时,要充分利用前臂带动屈腕的爆发力向前方用力击球,使球直接从对方肩稍上高度越过落到后场。关键是出手(击球)动作要小而快。

发网前球时,握拍要放松,上臂动作要小,主要靠前臂带动手腕向前切送,球的弧线要贴网而过,落点在前发球区附近。注意,手腕不能有上挑动作。

②反手发球。发球站位可在前发线球后 10～15 cm 及中线附近,也可在前发球线后及边线附近。面向球网,两脚前后开力(右脚或左脚在前均可)。上体稍前倾,身体重心在前脚上,右手臂屈肘,用反手握拍将球拍横举在腰间,拍面在身体左侧腰下,左手拇指与食指控住球的二三根羽毛,球托朝下,球体或球托

在球拍前对准拍面。击球时，前臂带动手腕朝前横切推送(图 4-23)。

图 4-23 反手发球

反手可发网前球和平快球。发网前球用力要轻，主要靠“切”送；发平快球则要突然发力，拍面要有“反压”动作。

(2)接发球。接发球首先要选择合适的站位。一般情况下，单打的接发球站位离前发球线约 1.5 m 处。在右发球区应站在靠中线的位置，在左发球区则站在中间稍偏边线的位置，且要防备攻方发球攻击反手部位。双打接发球时，站位可靠近前发球线。因为双打的后发球线处，离前发球线比单打短 0.76 m，发高远球易被扣杀，所以主要精力应对付对方发网前球。

接发球的准备姿势单、双打大体相同。单打接发球时，左脚在前，右脚在后，侧面对网，重心落在前脚，后脚跟稍提起，收腹含胸，持拍手在身前，两眼注视对方。双打接发球时，重心可随意放在任何一脚上，球拍高举在肩上，注意力高度集中，以便快速做出反应。

3. 击球法

羽毛球击球技术方法包括击高球、吊球、杀球、搓球、推球、勾球、扑球、抽球等，每一种技术又可分为正手或反手击球法。依据战术球路的需要，又可击出直线或斜线球。

(1)高球。高球是自后场打到对方后场端线经过高空飞行的球。高球分为正手、反手和头顶三种手法。按飞行轨迹可分为高远球、平高球、平快球等。

①正手高球。首先判断来球的方向和落点，侧身后退，使球处在自己的右肩稍前上方的位置。左肩对网，左脚在前，右脚在后，重心在右脚上。左臂屈肘，左手自然高举，右手持拍，手臂自然弯曲，将球拍举在右肩上方，两眼注视来球。击球时，由准备动作开始，上臂后引，随之肘关节上体明显高于肩部，将球

拍后引至头部，自然伸腕(拳心朝上)。然后在后脚蹬地，转体收腹的协调用力下，以肩为轴，上臂带动前臂快速向前上方甩腕，在手臂伸直的最高点击球。击球后，持拍手臂顺惯性往前下方挥动并收拍至体前，与此同时，左脚后撤，右脚向前迈出，身体重心由后脚移到前脚上(图 4-24)。

图 4-24　正手高球

②反手高球。当对方将球击到己方左后场区时用反手击高球。首先判断对方来球的方向和落点，迅速将身体转向左后方，移动步伐，最后一步用右脚前交叉跨到左侧底线，背对网，身体重心在右脚上，使球处在身体右上方。击球前，迅速换成反手握拍法，持拍于右胸前，拍面朝上。击球时，以上臂带动前臂，通过手腕的闪动，自下而上的甩臂，将球击出。在最后用力时，要注意拇指的侧压力与甩腕的配合以及两腿蹬地转体的全身协调用力(图 4-25)。

图 4-25　反手高球

③头顶高球。头顶高球的动作要领与正手高球基本相同，只是击球点偏左肩上空。准备击球时，身体偏左倾斜。击球时，上臂带动前臂使球拍绕过头顶，从左上方向前加速挥动，注意发挥手腕的爆发力击球。落地时左腿向左后方摆动幅度大些。

(2)吊球。吊球是自后场打到对方前场向下坠落的球。吊球技术分为正手、反手和头顶三种手法,按球的飞行速度和落点可分为快吊和轻吊。

①正手吊球。

A.快吊(劈吊)。击球准备和前期动作同正手高球。只是击球时拍面正向内倾斜,手腕做快速切削下压动作,击球托的后部和侧后部。若劈吊斜线球,则球拍切削球托的右侧并向左下方发力;若劈吊直线,则拍面正对首方向前下方切削。

B.轻吊(拦截吊)。击球前期动作同正手高球。击球时方法如劈吊,只是击球瞬间突然减速,用力更轻些;另一种方法,是用拍面正击球托或轻挡来球,借助球的反弹力,使球过网后贴网而下。后者多用于拦截对方击来的平高球或半场高球。

②反手吊球。反手吊球的击球准备和前期动作同反手高球。不同点在于击球时拍面的掌握和力量的运用。吊直线球时,用拍反面切削球托的后中部,向对方的右半场网前发力;吊斜线球时,用球拍反面切削球托的左侧,朝对方左半场网前发力。

③头顶吊球。击球准备和前期动作同头顶高球。头顶吊斜线球时,中指、无名指、小指屈指外拉拍柄,使拍子内旋,扣面前倾,以斜拍击球托左侧部位。头顶吊直线球时球拍击球托的正中部位。

(3)杀球。杀球是把对方击来的高球在尽量高的击球点上斜压下去。这种球力量大、弧线直、落地快,给对方的威胁很大。因此,它是进攻的主要技术。

杀球从力量上分有重杀(击球力量大)、轻杀(杀球力量较轻)和点杀(力量不大,但球离网近,落地快),从落点上分有长杀(落点距网较远)和短杀(落点距网较近)。这些杀球都有正手、反手、绕头顶杀直线和对角线之分。

原地起跳杀直线球要领如下。

①步子到位后,屈膝下降重心,做好起跳击球准备。

②侧身起跳时,往右上方提肩,带动上臂、前臂和球拍上举,以便向上伸展身体。

③起跳后,身体左转,同时后仰,挺胸腹成弓形,以便发挥腰腹力。接着,右上臂往右后上摆起,前臂自然后摆,手腕后伸(拉长了挥拍距离),前臂带动球拍由上往后下挥动,这时握拍要松。随后,凌空转体、收腹带动右上臂往右上摆起,肘部领先,前臂全速往前上挥动,手腕充分后伸,带动球拍由后下稍往右后

下挥动。这样挥拍的路线长，有利于挥拍的加速度。由于前臂的突然加快向前上挥动，使手腕后伸到最大限度，有利于发挥腕、指的爆发力。

④前臂的全速往前上挥动，也带动了球拍高速往前上挥动。当击球点在肩的前上方时，前臂内旋，腕前屈微收，闪腕发力杀球。这时手指突然抓紧拍柄，把手腕的爆发力集中到击球点上，球拍和击球方向水平面的夹角小于90°，球拍正面击球托的后部，使球直线下行。整个收腹、挥臂、挥拍杀球的动作是在身体由右手稍向左前转动的过程中完成的。

(4)搓球。搓球是由发网前球发展而来的，包括正手搓球和反手搓球。搓球时用球拍搓击球的左或右侧下部与球托底部，使球向右侧或左侧旋转与翻滚过网。搓出的球越贴网，旋转翻滚性能越强，对方回击就越困难，从而越能为自己创造有利的攻势条件。这时回动可稍慢些，球拍上举，做好封网的准备。

①正手搓球。站在网前，正手握拍，做好搓球准备(图4-26)。

图4-26 正手搓球

球拍随着前臂伸向右前上方斜举。当球拍举到最高点时，前臂开始向外旋转，手腕稍后伸，这就是网前进攻技术(搓、推、勾)击球前期动作的一致性。

击球时，前臂稍外，手腕由后伸至稍内收闪动，握拍手的食指和拇指夹住拍，中指、无名指和小指轻握拍柄，使球拍在手腕和手指的挥摆用力下，搓击来球的右下底部。挥拍力量、速度和拍面角度的大小，主要取决于来球时离网的远近和速度的快慢。来球离网远、速度快，则搓球时的力量要大些；来球离网近、速度慢，则搓球时力量就小些。总而言之，网前的变比较多，用力和拍面控制要合适，否则会搓球下网或过高，造成失误或被动。搓球后，球旋转翻滚过网，然后球拍回收。

②反手搓球。前臂稍往上举的同时，手腕前屈，手背约与网同高，而拍面低于网顶，反拍面迎球搓球时，主要靠前臂的前伸外旋和手腕由内收到外展的合力，

搓击球的右侧后底部，使球侧旋滚动过网。击球后拍子准备回收(图 4-27)。

图 4-27　反手搓球

(5)推球。推球是把对方击来的网前球推击到对打的后场两底角，球飞行的弧线较低平，速度较快，使对方回击困难。

①推球时的发力。主要靠前臂、手腕和手指的爆发力。正手推球时注意用食指向前的推压力，反手推球时则注意拇指向前推力。

②推球时的挥拍路线。正手推球是由于前臂的内旋，带动手腕由后伸闪动到屈腕，也就是说由右至左像盖过去的旋转动作那样，挥拍推击球；反手推球时，是从前臂微屈、手腕外展开始挥拍，前臂带外旋，由左至右盖压过去。

推球时的击球点要高，一般是在离网顶约 20 cm 处为宜。为了便于发力和掌握好球路方向，正手推直线时，击球点在身体的右侧前；推对角线时，击球点要近肩侧前。反手推直线则在左侧前；推对角线在近肩侧前方。

③前臂的挥摆动作。在击球前，肘关节微屈，发力时要突然加快前伸，发挥前臂和前伸速度，挥拍推击球。特别是正手推球，这种动作较为明显。

球飞行弧线的高低，取决于击球瞬间击球点的高低和拍面角度的大小，而拍面角度又要靠手腕和手指来控制。

④正手推球要领。站在网前，球拍向右侧前上举。在肘关节微屈回收时，前臂稍外旋、手腕稍向后侧，球拍也随着往右稍下后摆，拍面正对来球。这时，小指和无名指稍松开，使拍柄稍离开鱼际肌。这样，在推击球时，便于发挥指力的作用。拇指和食指稍向外捻动拍柄，拍面更为后仰。

推球时，身体稍往前移，右前臂往前伸，并带内旋，手腕和手指控制拍面角度，手腕由后伸直并闪腕，食指向前压和小指、无名指突然握紧拍柄，拍子急速地挥动推球，使球沿边线飞向对方后场底角。

(6)勾球。勾球是把本方的右(左)边网前球击到对方右(左)边网前去。又叫打对角线网前球。勾球分正手和反手两种。球的飞行速度快,球斜着飞越网顶时,要尽量控制到掠网而过,贴网而落到对方网前场区内。

勾球时的发力,主要是运用前臂、手腕和手指的力量,用力要适当,手腕还要控制好拍面角度。勾球时要根据击球点的高低,灵活握拍,方向随球应变。

网前勾球如与搓球、推球结合运用,就能更好地调动对方,加长其跑动距离并迫使其被动回球,以便自己发挥前场进攻的威力。

(7)扑球。来球在网顶上空时,能以最快的速度上网扑压来球,称为扑球。扑球方法有正、反手两种,扑球路线有直线、斜线或扑追身球。

扑球在网前进攻技术中是威胁较大的一项技术。扑球的关键在于能否抓住时机,首先是取决于判断,一经作出判断,上网就要快,即要求起动快,起蹬腿的蹬力要强,产生强有力的爆发力。同时出手也要快,因为来球一般不会太高(在网顶 10～20 cm),若反应迟缓,时机稍纵即逝,导致错失一次强有力的进攻机会。

扑球时,主要靠前臂的屈伸和转动、手腕的闪动和手指的顶压,其中手腕是控制力量的关键。挥拍距离短、动作小、爆发力强,扑击出去的球才能急速落地。

创造扑球的机会,可以通过后场进攻(如杀球或快吊),也可以通过前场进攻(搓、推、勾球)。关键在一个"快"字上,抓住时机后,要以迅雷不及掩耳之势,一拍解决战斗(图 4-28)。

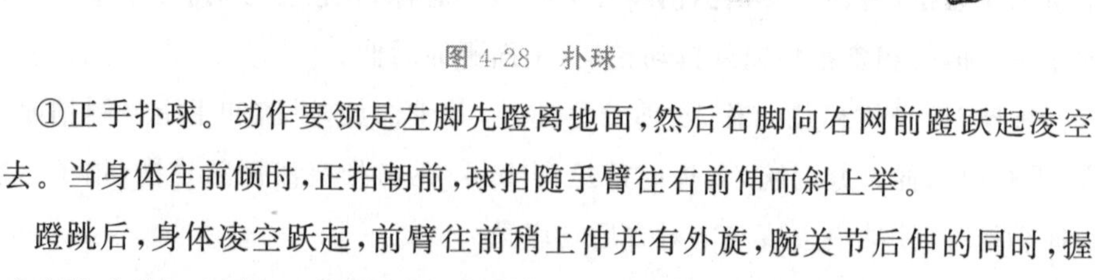

图 4-28　扑球

①正手扑球。动作要领是左脚先蹬离地面,然后右脚向右网前蹬跃起凌空扑去。当身体往前倾时,正拍朝前,球拍随手臂往右前伸而斜上举。

蹬跳后,身体凌空跃起,前臂往前稍上伸并有外旋,腕关节后伸的同时,握拍应有些变化——虎口对着拍柄的宽面,小指和无名指稍松开,使拍柄离开鱼际肌。击球时,手腕由后伸略内收闪动于外展。随着后腕的闪动,拍子从右侧向前左挥动扑球。这时击球的力量主要靠身体前扑的冲力。如果球离网顶较近,那就要靠手腕从右前往左前的“滑动式”挥拍扑球。这样可以避免球拍触网犯规。扑球后,球拍随着手臂往右侧前下回收。

②反手扑球。动作要领同正手扑球相似,其方向在左网前。

反手握拍,持于左侧前。当身体向左前方跃起时,球拍随着前臂前伸而前举,手腕外展,拇指顶压在拍柄的宽面上,食指和其他三指并拢,拍面正对来球。

身体向左前飞跃,凌空向前下挥拍扑压。击球时,手臂伸直,手腕由外展至内收闪动,手指握紧拍柄,拇指顶压,加速挥拍扑击。击球后马上屈肘,手腕由内收到外展,拍子放松回收,以免触网犯规。击球后,球拍随手臂回收至体前。

(8)抽球。

①正手抽球。右脚稍向右侧迈出一小步,同时上体稍往右侧倾,右臂向右侧上摆,球拍随着上举,肘关节保持一定角度,左脚跟提起。由肘关节开始前摆发力,前臂稍后摆而带有外旋,手腕从稍外展至后伸,使球拍引至后下方。

前臂急速往右侧前挥动,从外旋转为内旋,手腕由后伸到伸直闪腕,手指握紧拍柄,高速挥拍击球,然后由后下往右侧稍平地抽压过去。击球后,球拍顺势盖过去向左边摆,左脚往左前跟进一步,准备迎击第二次来球(图 4-29)。

图 4-29 正手抽球

②反手抽球。右脚向左前跨一步,身体左转,右前臂往身前收,肘部稍上抬,前臂内旋,手腕外展,球拍引向左侧(图 4-30)。右前臂在往前挥拍的同时外旋,手腕由外展到伸直至内收闪腕,手指突然握紧拍柄,拇指前顶,迎球挥拍,击球托的后底部。挥拍的路线是由下稍上至前,击球后球拍顺势盖过去,使球向前平直飞行。击球后,球拍随身体的回动而回收。

图 4-30 反手抽球

第二节 全民健身背景下的传统健身与塑形项目基础知识

全民健身背景下的传统健身与塑形项目各种各样，其中在传统健身项目中人数居多的是中国传统武术，在塑形健身中人数居多的是健美操，本节重点对以上两种项目的基础知识进行简单的介绍。

一、武术

武术又称国术，是中国传统体育项目之一，是把踢、打、摔、拿、跌、击、劈、刺等动作按照一定规律组合成徒手的和器械的攻防技术。武术运动是中国人民在长期的社会实践中不断积累和丰富起来的宝贵文化遗产，具有极其广泛的群众基础。在现代社会中，武术逐渐由实用的攻防本领转变为强身健体的锻炼手段。

（一）武术的特点和作用

1.具有攻防技击的本质特点

武术动作以攻防性能为本质，兼容攻防再现性和表演性。攻防再现性体现在动作本能的格杀价值，在实践运用中发挥攻防效用。在现代武术运动中，这类动作主要运用于搏斗运动（如散打）以及防身制胜等。攻防表演性体现在其本质动作的攻防意向，这类动作多借助于形体动作艺术和动作编排技巧来体现自身攻防含义，表现出独特的攻防技击艺术。

2.具有内外合一、形神兼备、节奏鲜明的运动特色和民族风格

由于武术动作是从格斗攻防技术中提炼出来的，因此要求手到眼到，手眼

紧密结合；手脚相随、上下协调；意领身随、以气催力；意识、呼吸、动作必须内外合一，形神兼备；动则快速有力，静则稳如磐石，动静有韵律，节奏非常鲜明。这就构成了武术所固有的运动特色，形成了人们喜爱的民族风格。

3. 具有广泛的适应性

由于武术内容丰富多彩，不同拳种和器械的动作结构、技术要求、运动风格和套路的运动量都有所不同，因此开展武术运动可以不受年龄、性别、体质、时间、季节、场地和器械的限制，人们可以根据自己的需要和条件，选择合适的项目进行锻炼。由此可见武术有着广泛的适应性和群众性的特点。

(二)武术的分类

武术的分类方法很多，在过去有以流行地区分类的，有以技术特点分类的，也有以姓氏分类的，按其内容可分为以下三类。

1. 拳术

拳术包括长拳、太极拳、南拳、形意拳、八卦拳、通臂拳等。

(1)长拳。长拳是查拳、华拳、洪拳、炮拳、花拳、戳脚、翻子等拳术的总称。它是一种姿势舒展、动作灵活、快速有力、节奏鲜明，并包括蹿蹦跳跃、闪展腾挪和起伏转折等动作和技术的拳术。其中，各个拳种又各有不同的技术特点和风格。长拳的动作幅度舒展、关节活动范围较大，对肌肉和韧带的柔韧性、弹性，都有较高的要求。

(2)太极拳。太极拳是一种柔和、缓慢、轻灵的拳术。

(3)南拳。南拳是流行于广东、广西、福建、湖南、湖北、浙江、江苏、四川等南方各省的拳术的总称。南拳的特点是步稳、势烈、动作刚劲有力，并常以发声吐气来助长动作的发力。它特别能发展各主要肌群的力量。

(4)形意拳。形意拳是以三体式为基本姿势，以劈、崩、钻、炮、横五拳为基本拳法，并吸收了龙、虎、蛇、马、鹰、鹞等十二种动物的技能专场所编制的拳术。它的特点是动作整齐、简练、劲道刚硬，是提高人体力量、速度的有效拳术之一。

(5)八卦掌。八卦掌是一种以摆扣步走转为主，以掌法变换为内容的拳术。它的特点是沿圆走转，势势连绵，神灵步活，随走随变。可以锻炼下肢的力量及身体灵活、协调等机能能力。

(6)通臂拳。通臂拳有摔、拍、穿、劈、攒五种基本掌法。特点是放长击远，发力通达于臂。练习时由于胸背吞吐，双臂交换摔劈，拧腰切胯，连续不息，因此对发展协调、灵活、力量等素质，有着良好的作用。

2. 器械

武术器械主要包括刀、剑等短器械；枪、棍、大刀等长器械；双刀、双剑、双勾、双枪等双器械；九节鞭、绳镖、流星锤等软器械。

(1)刀术。刀术是以缠头裹脑为主要动作，加上劈、砍、挂、刺、撩等刀法所组成的套路练习。它的特点是勇猛、快速。

(2)剑术。剑术是以击、刺、点、崩等剑法所组成的套路练习。它的特点是动作轻快、身法矫捷、富于韵律感。

(3)枪术。枪术是以拦、拿、扎为主要动作，加上劈、摔、穿、缠、舞花等枪法所组成的套路练习。它的特点是枪扎一条线，脚为根，腰为轴，力达枪尖。

(4)棍术。棍术是以抡、劈、戳、撩、舞花等棍法所组成的套路练习。它的特点是使用两端、横打一片。

3. 对练

对练是指两人以上按照固定套路所进行的攻防技术练习，包括徒手对练、器械对练、徒手与器械的对练等。

4. 身体表演

身体表演是六人以上的徒手或器械的集体演练。可用音乐伴奏，使动作整齐划一。

5. 攻防技术

攻防技术是两人按照一定的规则而进行的具有实战意义的搏斗形式的运动。

(三)武术的基本动作

1. 手型

(1)拳。四指并拢卷握，拇指紧扣食指和中指的第二指节。要求拳握紧，拳面平，直腕(图 4-31)。

(2)掌。四指并拢伸直，拇指弯曲紧扣于虎口处(图 4-31)。

(3)勾。五指第一指节捏拢在一起，屈腕(图 4-31)。

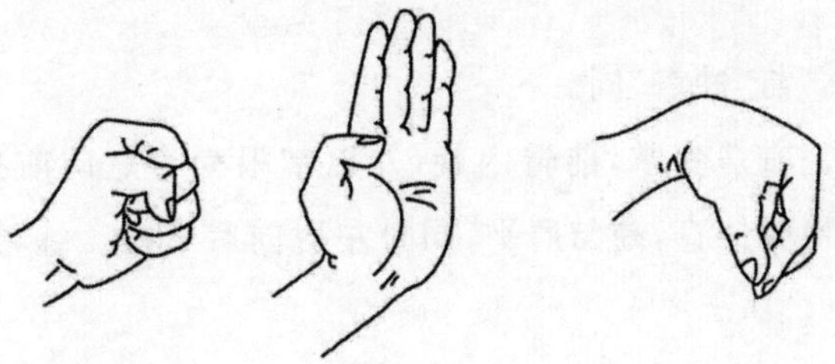

图 4-31　手型

2. 手法

(1)冲拳。冲拳有平拳与立拳两种。平拳拳心向下;立拳拳眼向上。

①预备姿势。两脚左右开立,与肩同宽,两拳抱于腰间,肘尖向后,拳心向上(图 4-32)。

②动作说明。挺胸、收腹、直腰,右拳从腰间向前猛力冲出,转腰、顺肩,在肘关节过腰后,右前臂内旋。力达拳面,臂要伸直,高与肩平。同时左肘向后牵拉(图 4-33)。练习时,左右可交替进行。

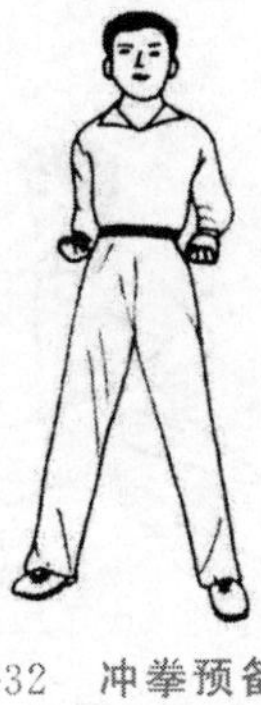

图 4-32　冲拳预备姿势

图 4-33　左肘向后牵拉

③要求与要点。出拳要快速有力,要有寸劲(即爆发力),做好拧腰、顺肩、急旋前臂的动作。

④练习步骤。A. 先慢做,不要用全力,注意动作的准确性,然后再逐步过渡到快速有力;B. 结合各种步型、步法和腿法做冲拳练习。

⑤易犯错误和纠正方法。A. 冲拳时肘外展,使拳从肩前冲出。纠正方法:强调肘贴肋运行,使拳内旋冲出。B. 冲拳无力。纠正方法:强调紧握拳和肩下沉。冲拳时,前臂要内旋,动作要快速。C. 冲拳过高或太低。纠正方法:可在练习人前面设一与肩同高的目标(如手掌),让其向目标冲击。

(2)推掌。

①预备姿势。与“冲拳”同。

②动作说明。右拳变掌，前臂内旋，并以掌根为力点向前猛力推击。推击时要转腰，顺肩，臂要伸直，高与肩平，同时左肘向后牵拉。练习时，左右可交替进行(图 4-34)。

③要求与要点。挺胸、收腹、直腰，出掌要快速有力，有寸劲；同时还要做好拧腰、顺肩、沉腕、翅掌等动作。

练习步骤、易犯错误和纠正方法均与冲拳同。

3. 步型步法

(1)弓步。

①动作说明。两腿前后开立一大步，前腿弓，后腿绷直，挺胸、塌腰，眼向前看(图 4-35)。

②练习步骤。A. 逐步延长练习时间，左右弓步可交替练习。B. 原地保持弓步姿势不动，加做左右冲拳或推掌练习，左右弓步可交替练习。C. 行进间练习，左弓步冲右拳再上步接做右弓步冲左拳，这样连续进行。

图 4-34　推掌

图 4-35　弓步

(2)马步。

①动作说明。两脚开立宽于肩，屈膝成 90°，两膝内扣两脚尖向前，挺胸塌腰双手抱拳于腰两侧(图 4-36)。

②练习步骤。A. 逐步延长练习时间。B. 原地做马步蹲起练习，即蹲马步和站立交替进行，还可做马步左右冲拳或推掌的练习。C. 行进间练习，连续上步做马步架打练习。

(3)虚步。

①动作说明。两脚前后开立，后腿屈膝半蹲全脚着地；前腿屈膝，脚尖内扣

点地(图 4-37)。

②练习步骤。A. 可先手扶一定高度的物体进行练习,或先把姿势放高一些,然后逐渐按规格要求做正确的动作。B. 逐渐延长练习时间。C. 可结合手型、手法练习,可向左右跳换做。

(4)仆步。

①动作说明。一脚全蹲全脚掌着地;另一腿伸直平铺,亦全脚掌着地,脚尖内扣,上体尽量挺直(图 4-38)。

②练习步骤。A. 参看虚步的练习步骤“A、B”。B. 加手型、手法。C. 行进间连续做“仆步穿掌”。

图 4-36　马步

图 4-37　虚步

图 4-38　仆步

(5)歇步。

①动作说明。两腿前后交叉,两腿下蹲,上体直立(图 4-39)。

②练习步骤。A. 参看虚步的练习步骤“A、B”;B. 交替做左右歇步,并增加手法。

(6)丁步。

①动作说明。两腿屈膝半蹲,左脚尖里扣并虚点地面,两手半握叉腰(图 4-40)。

②练习步骤。与“虚步”同。

图 4-39　歇步

图 4-40　丁步

二、健美操

健美操起源于传统的健身运动，是有氧运动的一种。它通常采用徒手或轻器械进行练习，是在氧供应充足的情况下，以人体有氧系统提供能量的一种运动形式，其运动特征是持续一定时间的中低强度的全身性运动，主要锻炼练习者的心肺功能，是发展有氧耐力素质的基础。

(一)健美操概述

1.健美操的起源与发展

健美操的起源可追溯到两千多年前。古希腊人对身体美的崇尚举世闻名，他们喜爱采用跑跳、投掷、柔软体操和健美舞蹈等各种体育项目进行身体美的锻炼。古印度很早就有瑜伽术，其中的一些姿势与当前流行的健美操所常用的基本姿势是一致的。由此可见，古代人对健身健美的追求是现代健美操形成与发展的基础。

19世纪末20世纪初，欧洲出现了许多体操流派，他们在理论和实践上的创新对健美操的发展起到了促进作用。20世纪80年代初，随着遍及全球的健身热和娱乐体育的发展，健美操以其强大的生命力风靡世界。健美操事业不断发展，各种国际组织不断出现，如1881年成立的国际体操联合会(FIG)，1982年成立的国际健身协会(IDEA)，1983年成立的国际健美操联合会(IAF)以及20世纪80年代中期成立的国际健美操与健身联合会(FISAF)。

世界性的健美操传到我国，北京、上海、广州等地相继举办了各种健美操培训班。随后各种新闻媒介对国外各种健美操的介绍，逐步推动了健美操运动在我国的广泛开展。

1981～1983年，在健美操传入我国的初期，不少高校教师陆续在报纸杂志上刊登了一些介绍健美操和探讨美育教育的文章，并编排了一些健美操成套动作，如女青年健美操、哑铃健美操、形体健美操等。从此，“健美操”一词迅速被广大体育工作者所采用。1984年，北京体育学院(现北京体育大学)成立了健美操研究组，由其编排并推出的“青年韵律操”迅速传遍全国各大专院校，无数青年学生投入学习“青年韵律操”的热潮中，使健美操迅速在我国各大专院校得到普及。

为了有组织、有计划地推动全国大学生健美操运动的开展，1992年2月，在北京成立了中国大学生体育协会健美操、艺术体操分会。1992年9月，中国健美操协会在北京正式成立，这标志着我国健美操运动进入一个崭新的发展阶段。

现今我国大众健美操的发展趋势有如下特点：①市场前景更加广阔；②种类和练习形式将更加多样化；③健身性健美操练习的科学化程度将不断提高；④更加注重健身指导的服务质量。

竞技健美操的发展趋势有如下特点：①更加注重艺术性创新；②动作技术的完成将更加完美；③难度动作向多样化方向发展；④挑战自我极限是未来竞技性健美操追求的目标。

2. 健美操的分类

健身性健美操按练习形式可分为徒手健美操、轻器械健美操和特殊场地健美操三大类，如表 4-1 所示。

表 4-1　健美操分类

健身性健美操			竞技性健美操
徒手健美操	轻器械健美操	特殊场地健美操	
一般健美操	踏板操	水中健美操	男子单人
拳击健美操	哑铃操	固定器械健美操等	女子单人
搏击操	杠铃操	功率自行车	混合双人
瑜伽健身术	橡皮筋操		三人
拉丁健美操	健身球操		混合六人
街舞			

徒手健美操包括传统意义上的一般健美操和为满足不同人群兴趣和需求的种不同风格的健美操。传统意义上的一般健美操目前仍很受欢迎，其主要练习目的是提高心肺功能和人体的有氧代谢能力。但随着社会的发展和生活水平的提高，人们健身的需求越来越多样化，因此，近年来出现了多种新的徒手健美操练习形式，如正在国内外流行的搏击操，其主要练习目的是增强肌肉力量、弹性与身体的柔韧性，尤其对腰腹有特殊的锻炼效果；拉丁健美操和街舞，多以集体练习为主，动作变化丰富，规律性不强，不仅能提高学员的协调能力，而且能调节学员的心理，因此深受年轻人的喜爱。

轻器械健美操是利用轻器械，以力量练习为主的一种有氧健美操。轻器械健美操利用各种可移动的轻器械进行练习，既可增强健身的效果，同时也使健美操的练习形式更加多样化。目前，利用轻器械进行的集体力量练习是世界范围内最受欢迎和发展最快的健身项目，其主要锻炼目的是使练习者保持肌肉外形、增强肌肉力量和防止肌肉退化,从而延缓衰老,使人更强健。如踏板健美操加大了腿部的运动负荷,增加了运动量,但减轻了对下肢关节的冲击力,同时也使动作更加多样化;而哑铃操、橡皮筋操、健身球操等可锻炼到全身的每一块肌肉群,有效地提高肌肉力量,尤其是上肢力量,弥补了徒手健美操的不足。

3.健美操的特点

(1)高度的艺术性。健身健美操同属健美体育的范畴,其艺术性主要体现在其"健、力、美"的项目特征上。健美操的动作多变、协调、流畅、具有节奏感和弹性,能充分体现青春和活力,能满足人们追求"健康、力量、美丽"的心理需求。在动作的内容和组合中,处处表现出青春和活力,包含着高度的艺术性因素,使其不同于其他运动项目,这是人们热爱健美操运动的原因之一。

(2)强烈的节奏性。健美操动作具有强烈的节奏性,并通过音乐充分地表现出来,音乐是健美操运动不可缺少的组成部分。健美操音乐的特点是节奏强劲有力、旋律优美,具有烘托气氛、激发人们情绪的效应。健美操动作与音乐的协调,强烈的节奏效果使健美操健身锻炼练习更具有感染力。

(3)广泛的适应性。健美操练习形式多样,运动量可大可小、容易控制,对场地器材的要求不高,各个年龄层次、不同性别、不同身体素质、不同技术水平的人都能从健美操练习中找到适合自己的方式,都能从健美操练习中得到乐趣,因而具有广泛适应性的特点。

(二)健美操基本动作

健美操基本动作练习是按照人体生理解剖结构分部位进行练习,因此可以有重点地、系统地改善和发展身体的各个部位。掌握基本动作就可以为尽快地掌握复杂动作和成套动作打好基础。

1.手型

健美操手型主要有掌和拳两种(图 4-41)。

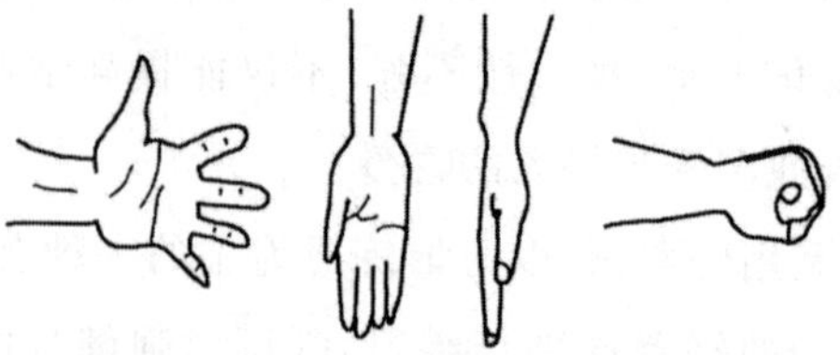

图 4-41 健美操手型

(1)掌。包括分掌和合掌。

①开掌。开掌讲究五指用力分开，手腕保持一定的紧张程度。

②并掌。并掌讲究五指并拢伸直。

(2)拳。五指弯曲紧握，大拇指紧扣食指和中指的第二指节。

2.身体各部位基本动作

(1)头、颈部动作。头、颈部动作由屈、转、绕和绕环等动作组成(图 4-42)。

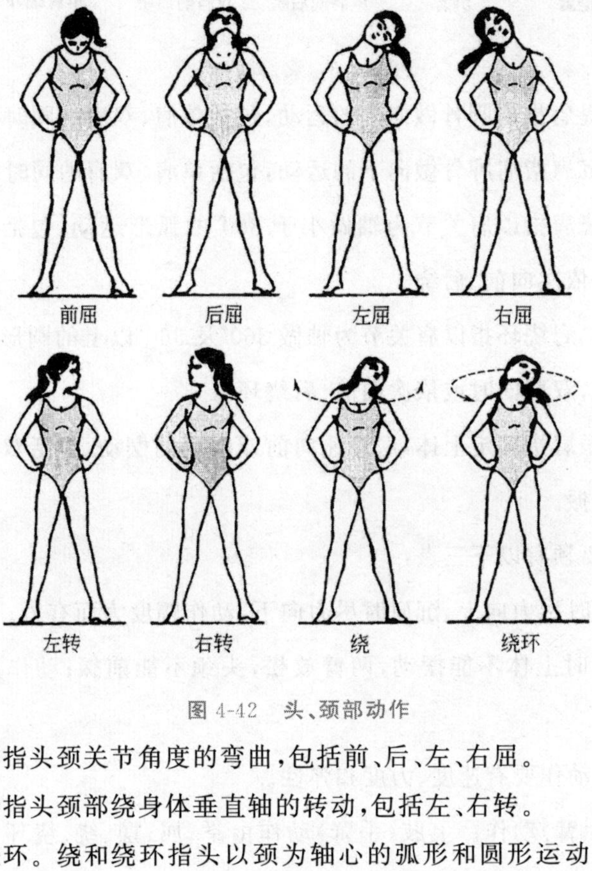

图 4-42　头、颈部动作

①屈。屈指头颈关节角度的弯曲，包括前、后、左、右屈。

②转。转指头颈部绕身体垂直轴的转动，包括左、右转。

③绕和绕环。绕和绕环指头以颈为轴心的弧形和圆形运动，包括左、右绕和左、右绕环。

头、颈部动作要领：做各种形式头颈动作时，上体保持正直，速度要慢，头颈移动的方向要准确，颈部肌群充分伸展。

(2)肩部动作。肩部动作由提肩、沉肩、绕肩、肩绕环和振肩等动作组成(图 4-43)。

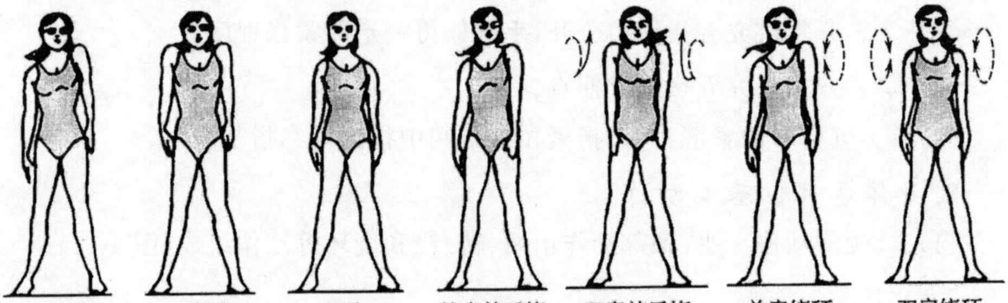

图 4-43　肩部动作

①提肩。提肩指肩胛骨做向上的运动，包括单肩、双肩的同时提和依次提。

②沉肩。沉肩指肩胛骨做向下的运动，包括单肩、双肩的同时沉和依次沉。

③绕肩。绕肩指以肩关节为轴做小于360°的弧形运动，包括单肩向前、后绕，双肩同时或依次向前、后绕。

④肩绕环。肩绕环指以肩关节为轴做360°及360°以上的圆形运动，包括单肩向前、后绕环，双肩同时或依次向前、后绕环。

⑤振肩。振肩指固定上体，肩急速向前或向后的摆动，包括双肩同时前、后振和依次前、后振。

肩部动作要领有以下三点：

第一，提肩时尽力向上，沉肩时尽力向下，动作幅度大而有力。

第二，绕肩时上体不能摆动，两臂放松，头颈不能前探；动作连贯，速度均匀，幅度大。

第三，振肩动作要有速度、力度和弹性。

(3)上肢(手臂)动作。上肢(手臂)动作由举、屈、摆、绕、绕环、振和旋等动作组成。

①举。举指以肩为轴，臂的活动范围不超过180°而停止在某一部位的动作，包括单臂和双臂的前、后、侧举，以及不同中间方向的举(如侧上举、侧下举等)(图 4-44)。

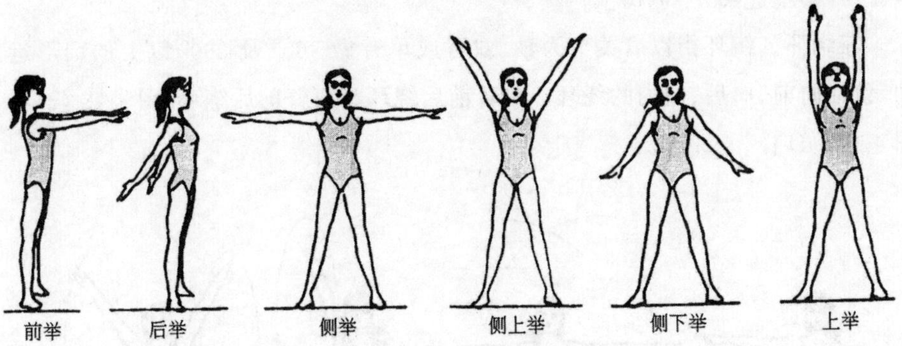

图 4-44 举臂

②屈。屈指肘关节产生了一定的弯曲角度,包括胸前屈、胸前平屈、肩侧屈、肩上侧屈、肩下侧屈、肩上前屈、腰间屈、背后屈、头上屈和头后屈(图 4-45)。

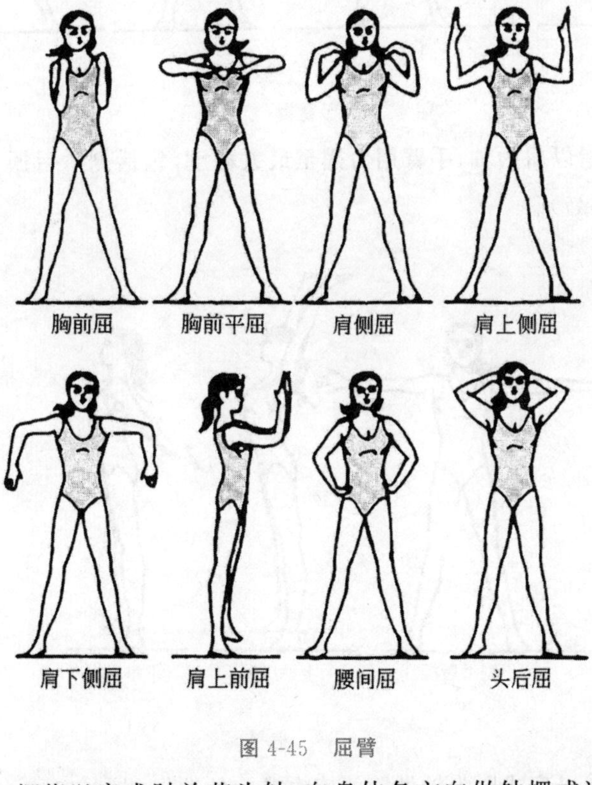

图 4-45 屈臂

③摆指。摆指以肩或肘关节为轴,向身体各方向做钟摆式运动,包括单臂和双臂同时或依次向前、后、左、右摆[图 4-46 (a)]。

④绕。绕指双臂或单臂向内、外、前、后做 180° 以上 360° 以下的弧形运动。

双臂向内外绕[图 4-46(b)]。

⑤绕环。绕环指以肩关节为轴，双臂或单臂做 360° 及 360° 以上的圆形运动，包括向前、向后、向内的绕环。单臂前后绕环和双臂前后绕环[图 4-46 (c)与图 4-46 (d)]。

图 4-46　手臂摆、绕、绕环

⑥振。振指以肩为轴，手臂用力摆至最大幅度，包括侧举后振、上举后振和下举后振(图 4-47)。

图 4-47　振臂

⑦旋。旋指以肩或肘为轴做臂的旋内或旋外动作(图 4-48)。

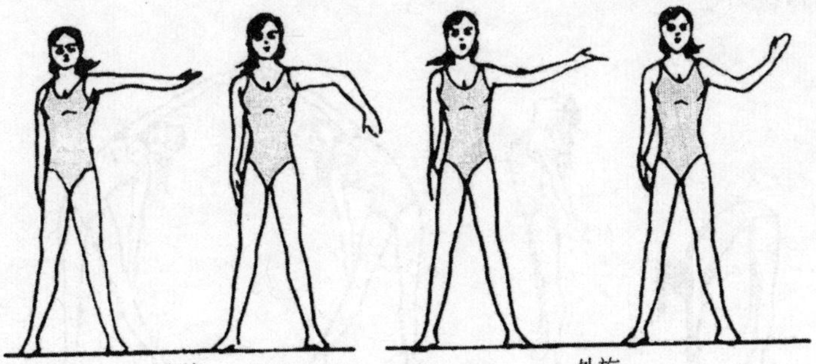

图 4-48　旋臂

上肢动作要领有以下三点：

第一，做臂的举、屈伸时，肩下沉。

第二，做臂的摆动时，起与落要保持弧形。

第三，上体保持正直，位置准确，幅度要大，力达身体最远端。

(4)胸部动作。胸部动作由含胸、展胸和移胸等动作组成(图 4-49)。

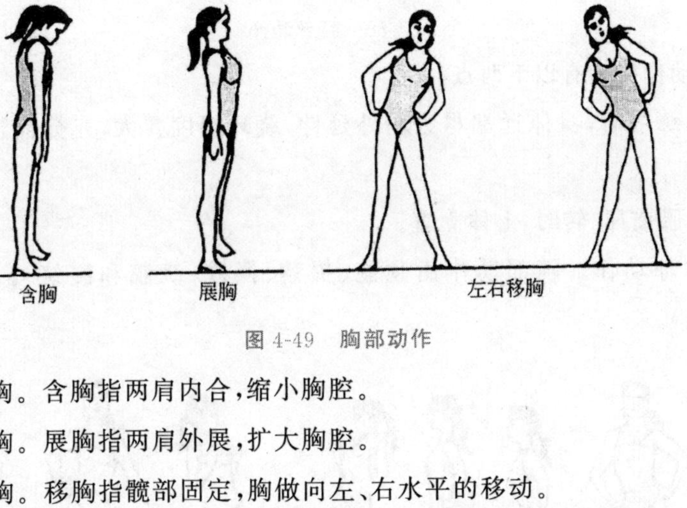

图 4-49　胸部动作

①含胸。含胸指两肩内合，缩小胸腔。

②展胸。展胸指两肩外展，扩大胸腔。

③移胸。移胸指髋部固定，胸做向左、右水平的移动。

胸部动作要领：练习时，收腹、立腰，含、展、移胸要达到最大极限。

(5)腰部动作。腰部动作由屈、转、绕和绕环等动作组成(图 4-50)。

①屈。屈指下肢固定，上体沿矢状轴和水平轴的运动，包括前、后、左、右屈。

②转。转指下肢固定，上体沿垂直轴的扭转，包括左、右转。

③绕和绕环。绕和绕环指下肢同定，上体沿垂直轴做弧形和圆形运动，包

括左、右绕和绕环。

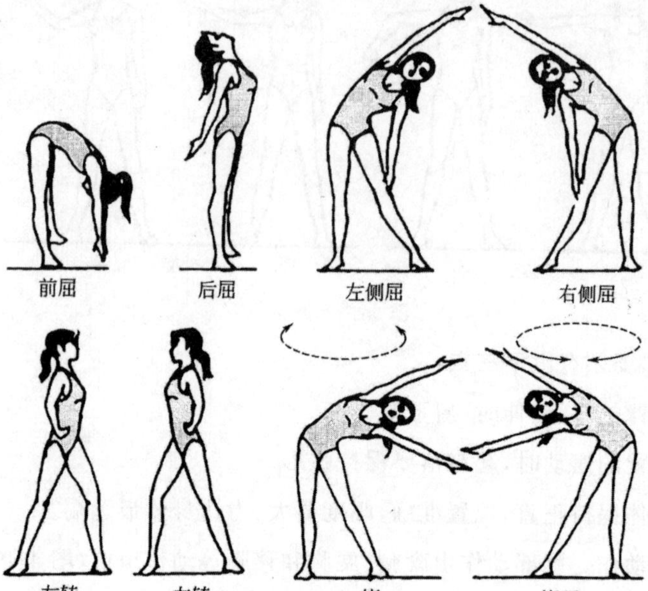

图 4-50　腰部动作

腰部动作要领有以下两点：

第一，练习时，身体远端尽力向外延伸，绕环幅度要大，充分而连贯，速度放慢。

第二，腰前屈、转时，上体立直。

(6)髋部动作。髋部动作由顶髋、提髋、摆髋、绕髋和髋绕环等动作组成(图 4-51)。

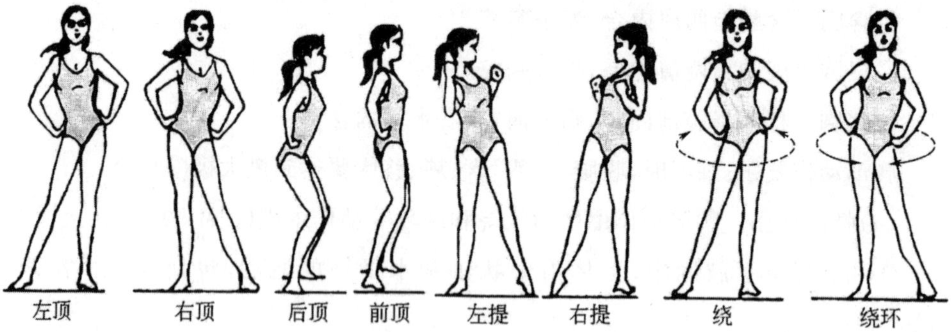

图 4-51　髋部动作

①顶髋。顶髋指髋关节做急速的水平移动，包括前、后、左、右顶髋。

②提髋。提髋指髋关节做急速向一侧上提的动作，包括左、右提髋。

③摆髋。摆髋指髋关节做钟摆式的连续移动动作，包括左、右侧摆和前、后摆。

④绕髋。绕髋绕髋指髋关节做弧形、圆形移动，包括向左、右绕和绕环。

髋部动作要领：髋关节做顶、提、绕和绕环时应平稳、柔和、协调，稍带弹性，上体要放松。

(7)下肢动作。下肢动作由滚动步、交叉步、跑跳步、并腿跳和侧摆腿跳等动作组成(图 4-52)。

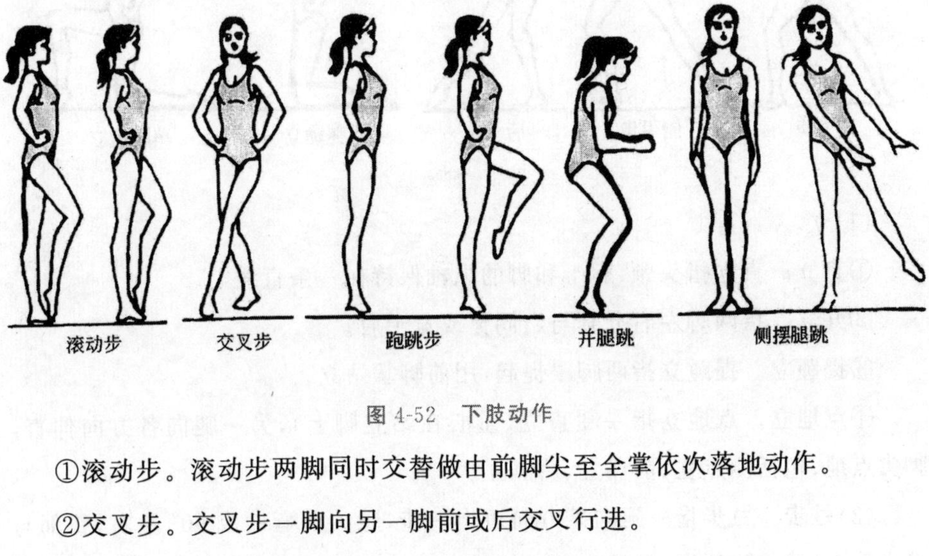

图 4-52　下肢动作

①滚动步。滚动步两脚同时交替做由前脚尖至全掌依次落地动作。

②交叉步。交叉步一脚向另一脚前或后交叉行进。

③跑跳步。跑跳步两脚交替进行，跑后支撑阶段有一次跳的过程。

④并腿跳。并腿步双腿并拢，直膝或屈膝跳。

⑤侧摆腿跳。侧摆腿跳单腿跳起，同时另一腿向外侧摆动。

下肢动作要领：跳跃要轻松自如，有弹性，注意呼吸配合。

3.基本站立

基本站立包括立、弓步和跪立(图 4-53)。

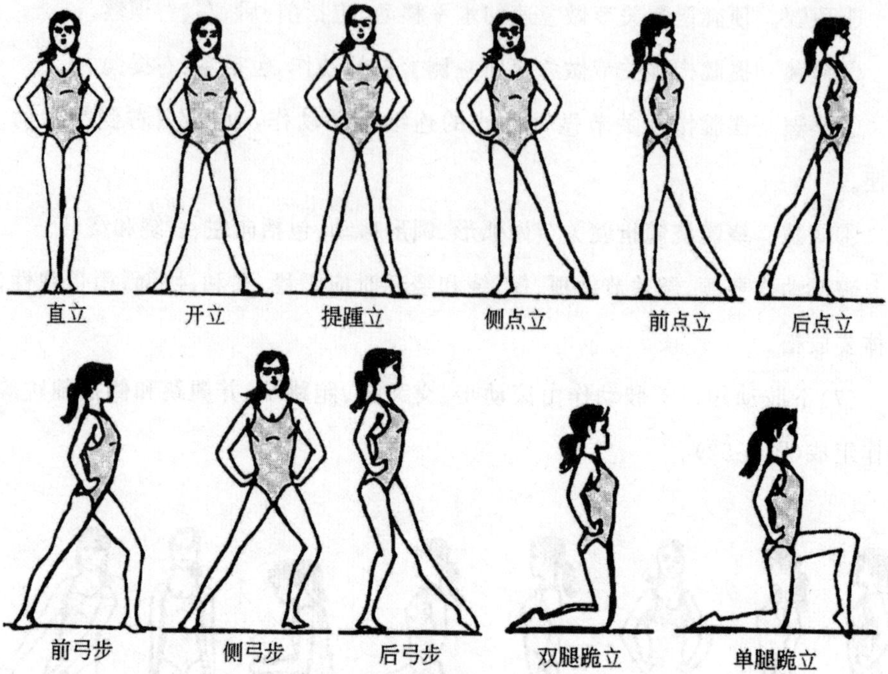

图 4-53 基本站立

(1)立。

①直立。直立指头颈、躯干和脚的纵轴保持在一条直线上。

②开立。指两脚左右分开与肩同宽或宽于肩。

③提踵立。提踵立指两脚跟提起,用前脚掌站立。

④点地立。点地立指一腿直立(重心在站立脚上),另一腿向各方向伸直,脚尖点地,包括侧点立、前点立、后点立。

(2)弓步。弓步指一腿向某方向迈出一步,膝关节弯曲成 90° 左右,膝部与脚尖垂直,另一腿伸直,包括左右腿的前、侧、后弓步。

(3)跪立。跪立指大腿与小腿成直角的跪姿,包括双腿跪立和单腿跪立。

跪立动作要领有以下三点:

①站立时,头正直,上体保持挺直、沉肩、挺胸、收腹、收臀、立腰、立背、直膝。

②提踵立时,两腿内侧肌群用力收紧,起踵越高越好。

③弓步时,前弓步和侧弓步的重心在两腿之间,后弓步的重心在后腿。

4.健美操规则规定的五个基本步伐

(1)交替类。两脚始终做依次交替落地的动作。

(2)迈步类。一条腿先迈出一步,重心移到这条腿上,另一腿用脚跟、脚尖点地或吸腿、屈腿、踢腿等,然后向另一个方向迈步。

(3)点地类。一腿屈膝站立,另一腿伸出,用脚尖或脚跟点地后还原到并腿位置。

(4)抬腿类。一腿站立,另一腿抬起的动作。

(5)双腿类。双腿站立、身体重心在两腿之间的动作。

第三节　全民健身背景下户外休闲运动基础知识

户外运动是指在自然环境中进行且具有一定挑战性的运动项目,它主要包括登山、攀岩、定向运动、滑雪、绳降、丛林穿越、山地自行车、野外生存等运动。由于户外运动能在兴奋和刺激中激发人们的潜能,增强参与者克服困难的勇气和决心,在活动中培养和完善人格及培养凝聚的团队精神,同时为人们提供了亲近大自然、重塑人际关系以及使自身创造力得以释放和尽情享受自然风光的各种机会,因而,户外运动越来越受到人们尤其是年轻人的喜爱。

一、野外生存

野外生存是人在山野丛林中求得生存的一种能力。

(一)认知野外生存

野外生存所包括的知识非常广泛,总的来说包括:判定方位、迷途的处置;猎捕和采食野生动、植物充饥;就地取材,构筑简易的露营帐篷、利用草药救治伤病等。概括起来就是走、吃、住、自救四项。

(二)野外生存的健身价值

在竞争日趋激烈的知识经济时代,科技发展日新月异,现代社会中的人们,尤其是每日穿梭于高楼大厦的职业人士,越来越多地感受到来自社会、工作、学习及家庭中的各种压力和挑战。他们往往感觉疲惫不堪、力不从心。参加野外生存训练可以帮助人们重新认识自我,挖掘自身潜能,唤起人们面对困难和挑战的勇气。同时,通过活动中的环保意识和行为的树立,使人们更深切地体会到爱护大自然和保护大自然的重要性。通过野外生存训练还能在灾害来临时

(如遭遇台风、海啸、山崩、地震、沉船、塌方等天灾人祸),表现出超出常人的自救及生存能力。野外生存训练是一项非常实用和有效的锻炼方法。

(三)野外生存的学习方法

1.负重登山

每人一个背包重10～15 kg,徒步进行山地穿越。要求所有参训人员不许掉队,不许弃包,因为每一个人肩上的背包被视为人生的责任。

目的:体验人生的艰辛,不要轻易放弃,要树立坚持到底就是胜利的信念。

2.徒手攀岩

利用支点,移动手、脚和身体重心进行徒手攀岩。即在双手、双脚抓、踏牢三个支点的条件下,移动身体重心。身体姿势在攀岩时要自然放松,以三个支点稳定身体重心,随攀岩动作的转换,身体重心随之移动。它是不依赖任何外在的辅助力量,只靠攀登者的自身力量完成攀登的过程。

3.徒步穿越

行进在山地、林间、峡谷、溪流、小路、陡坡等地方,难度和强度各不相同,安全可靠,里程10～40 km不等。要求参训人员必须共同协作、互相帮助、团结友爱,不允许有掉队现象和消极言论。

4.野外露营

要求大家分工合作,修建营地、架设帐篷、寻找干柴、埋锅造饭、点燃篝火,最后拣拾营地附近的垃圾。

5.定向越野

要求大家从各个方向以最快的速度到达指定的目的地。队员们出发前应准确识别地图、熟悉指北针,快速核准自己的立足点与目的地的方向和路线。通过对照物、地图、指北针向目的地迅速前进。

6.攀岩

要求每位参训人员必须尽最大努力攀爬上去,挑战自身极限,体验达到目标的艰辛及成功的喜悦。同伴的鼓励会增强必胜的信心。

7.速降

战胜自身的恐惧,克服心理障碍,挑战自身心理极限。

8.搜集标本

在野外和山村,要求参训人员在规定的时间内,搜集动、植物标本若干,并了解这些动、植物的习性、特点、生活规律及在自然界(即生物链)的位置和作用。增强大家的环保意识,培养大家热爱生命、热爱大自然和保护大自然的良好习惯。

另外还有其他活动:丛林穿越、野外宿营、帐篷篝火、海上飞伞、攀爬冰岩、悬崖速降、溯溪探源、紧急避险、孤岛生存、识别野生植物、登山观鸟、地质考察等。

(四)野外生存的练习方法

野外活动由于是短期的、临时性的,因而决定了野外主体装备具有很强的简易性和目的性。这要求野外生存参训人员在进行装备等准备时,要考虑在完成目的任务的前提下,尽可能少地携带物资;由于野外活动都是在露天条件下进行的,因而环境的变化是参训人员首先考虑的因素之一;活动区域所处的位置,如经纬度、地形、地貌、交通、通信等条件,活动期所处的季节、气候等因素,都必须在活动前进行详细的调查研究。

1.野外生存前准备的基本要素

进行装备等准备时要遵循三个基本要素,即少量、简易和保证。

(1)少量。少量是指尽可能地不带。对食品而言,有许多是可以就地解决的,如新鲜蔬菜、牲畜等。少量还包括物资的一物多用,如不怕压的听装、袋装食品,使用前可当作板凳,用过的听装容器可用作水杯等。

(2)简易。简易是指轻便、灵活、携带方便,但功能多样的物资。食品要在保证营养、热量、口味的前提下,尽可能地携带方便食品、半成品等。

(3)保证。保证是指必需的物资一定不能少带,如粮食、工具等。

2.野外必备物资

(1)食品。食品要按计划计算数量,应略有富余,坚持多品种、多口味。

(2)装备。装备包括帐篷、炊具、睡袋、衣物、火种和小刀及其他工作用品,如地图、绳索、通信器材等。火种和小刀是野外生存必备的工具,没有这两样东西,在遇到危险时很难应付。火种的用处有驱寒、照明、煮食、联络等;小刀的用途有砍伐、宰杀、削割、自卫等。火种以打火机为好,火柴易受潮而影响使用;小刀以瑞士多用军刀为好。

(3)急救包。共有四大类急救包,第一类,燃火类,包括防水火柴、放大镜、火石。第二类,助燃类,包括棉花、蜡、炉子、酥油。第三类,工具类,包括体积小,用途多样,针、线、金属丝(铜丝最好)、刀片。第四类,药品类,包括止痒、止血、消炎、抗过敏消毒类药物。

3.野外生存的自卫与自救方法

野外自卫是指在野外期间受到来自外部的威胁时，自身采取的保卫自己生命的行为。自救是指在自己的生命已经受到来自外部的伤害时，自己采取的救助生命的行为。应对野外危险因素的四项基本原则如下：

(1)沉着应付。沉着应付主要是指心理调整在毫无准备的情况下，突然面对来自外部的威胁，心情紧张是不可避免的，但为了自卫必须将紧张的心情调整到冷静的状态上。

(2)以己之长克敌之短。以己之长克敌之短是指在心理调整后，迅速地想出自卫的办法。

(3)工具和技能的准备与使用。在必备工具随身携带的情况下，当遇到威胁时尽可能地利用工具自卫，如绳索、小刀、火种的使用等。在被困时食物是非常重要的，而你所带的食物是非常有限的，那么你要合理地分配，并坚持到营救人员找到你，以保全性命。

(4)紧急求援。在孤立无援的情况下，要通过各种手段向外界发出求援信号，争取援助，如无线电呼救等。方法可根据当时的情况临时确定，在没有无线电的情况下，可利用其他的方式如火光(点燃三堆火，白天成三柱烟)、灯光、声音、人为标志等。

二、攀岩运动

攀岩运动就是在岩壁上展示攀登本领的一项活动。

(一)攀岩运动的起源与发展

攀岩运动是从登山运动中衍生出来的竞技运动项目。它兴起于20世纪50年代末60年代初的苏联，是军队中作为一项军事训练项目而存在的。随着攀岩运动的不断发展，20世纪70年代已成为独立的国际性比赛项目，1974年列入世界比赛项目。

进入20世纪80年代，以难度攀岩的现代竞技攀登比赛开始举办，并引起广泛的关注。1985年在意大利举行了第一次难度攀岩比赛。1988年6月国际竞技攀登比赛在美国举行。1989年首届世界杯分阶段比赛在法国、英国、西班牙、意大利、保加利亚和苏联举行。运动员参加各地的比赛，最后累计总成绩，进行排名。世界杯攀登比赛每年举行一次。

随着攀岩运动的蓬勃发展，国际攀岩联合会在各大洲成立委员会，组织洲内地区性大赛。1991 年 1 月“亚洲攀登比赛委员会”在中国香港正式宣布成立，这标志着亚洲的攀岩运动进入了一个新的阶段。1992 年 9 月在韩国首尔举办了第一届亚洲攀岩锦标赛。

(二)攀岩运动的健身价值

攀岩运动是从登山运动中派生出来的新项目，也是登山运动中的一项竞技体育项目。它集健身、娱乐、竞技于一体，既要求运动员具有勇敢顽强，坚韧不拔的拼搏进取精神，又需要具有良好的柔韧性、耐力、平衡能力、节奏感及攀岩技巧，这样才能娴熟地在不同高度、不同角度的陡峭岩壁上，轻松、准确地完成身体的腾挪、转体、跳跃、引体等惊险动作，给人以优美、流畅、刺激、力量的感受，使观众在惊险的表演中得到一种美的享受，这是一项极富刺激性而不失优美的极限运动，人们把这项运动誉为“峭壁上的艺术体操”和“岩壁芭蕾”。

(三)攀岩运动的装备

攀岩装备是攀岩运动的基础，是完成攀岩过程的保障。它的功能要适应攀岩这一特殊项目的要求，在设计、选材、用料、制作上，应尽量轻便、坚固、科学，使操作者使用方便、安全、具有实效性。

1. 主绳(安全绳)

(1)主绳。俗称攀登者的生命线。它是轻便坚固的尼龙制品，颜色鲜艳，直径为 9～12 mm，拉力为 2200～3200 kg。主绳分动力绳和静力绳两种，用途不同，长度一般 50～100 m。长度可根据攀岩者的要求自行裁剪，它在攀登过程中起保护作用。

(2)辅助绳。辅助绳与主绳配合使用，其直径小于主绳，为 6～8 mm，承受力约为 800 kg，其质料与主绳相同。

2. 安全带

安全带是尼龙制品，它牢固、实用、舒适，由圈套、带子、扣子和卡子等组成，是各种保护装备与人体连接的装置，主要起保护作用。

3. 铁锁

铁销由合金材料制作而成，轻便、坚固，设计合理，拉力为 2200～3200 kg。其作用是：在技术操作中，装备之间需要交替地进行连接、固定和解脱，也是为了避免烦琐的绳结和绳结操作，使动作迅速简单，有时铁锁可代替滑轮的作用。

4. 下降器

(1)“8”字形下降器。“8”字形下降器是由合金材料制作而成,有两种使用方法。①将主绳套在下降器上;②将主绳从下降器的“大环”穿过套在与下降器连接的铁锁上。

(2)制动阀和滑轮组成的下降器。制动阀和滑轮组成的下降器由合金材料制作而成。

5. 攀岩鞋

鞋面由尼龙或者皮革制作而成,鞋底为耐磨软胶。它的特点是合脚、整体受力好、受力点多、摩擦力大、轻便。

6. 攀岩辅助器材

主要有安全帽、手套、衣裤子、扁带子、岩钻、岩锥(多种)、锤子、抹粉袋等。

(四)攀岩运动的练习方法

1. 结绳练习方法

利用打结使绳索之间、绳索与其他装备之间相互连接的方法,称为结绳技术,依其用途不同可分为固定绳结、接绳绳结、保护绳结和操作绳结四种。

(1)绳结类型与用途。

①固定绳结。固定绳结是将绳索一端直接固定在装备或自然物体上的绳结技术,多采用下列四种办法。

A. 织布结。通过织布结可将绳索一端与装备、自然物体固定在一起,也可用此结打胸绳。

B. 通过结。通过结用于固定在自然物体和安全带上或通过铁锁中间环节的各处连接和固定。

C. 双套结。双套结用于特定攀登和固定的一种绳结。

D. 牵引结。牵引结用于绳索一端在树干或自然物体上的固定拉紧结。

②接绳绳结。将短绳索连接成长绳使用的绳结为接绳绳结。它可分为以下几种。

A. 平结。平结用于直径相同绳索之间的连接。

B. 交织结。交织结用于直径相同绳索之间的连接,分为单交织结和双交织结。

C. “8”字结。“8”字结用于直径相同绳索之间的连接。

③保护绳结。绳索之间或绳索与铁锁之间能产生摩擦和滑动的连接方法。

它可分为以下几种。

A. 单环节。单环节用于沿主缆快速下降时的速度控制，可代替下降器使用。

B. 抓结。抓结用于行进中的自我保护，可分为单抓、双抓和变形抓三种。

④操作绳结。操作绳结是用于特殊的攀登和下降技术中的结绳法，主要有双套法。此结法既可用作固定用结，也可用于攀登和下降。

(2)练习结绳的要求及注意事项。

①结绳的要求。科学实用，牢固可靠，易结和易解。结绳是每个在野外进行探险活动者必须掌握的基本技术之一，不但要熟练掌握绳结的方法，还要知道各种绳结的用途。

②结绳的注意事项。

A. 在利用结绳组合各种技术装置时，对绳索要进行认真检查，看看是否完好无损；

B. 绳结打好后，一定要仔细检查是否正确，否则要解开重新打，千万不能疏忽；

C. 对绳索的展收要有条理，不能乱拉乱放，如果造成交织缠绕，会影响使用；

D. 随时观察绳索在岩壁上的磨损情况，一旦发现磨损及时加固或更换；

E. 绳索用过之后必须收好，以便下次再用。绳索不要放在水里浸泡，不能踩踏。

2. *攀岩练习方法*

根据不同的岩壁特点，攀岩可分为自然岩石攀岩和室内岩壁攀岩。

攀登岩石峭壁的技术简称攀岩技术，根据攀岩方法的不同分为徒手攀岩方法和机械攀岩方法两种。它的特点是：险、新、奇、难，并且经费开支少，装备简单，有较强的实用性和观赏性。

(1)徒手攀岩方法。攀登岩壁的基本方法是利用支点，移动手、脚和身体重心进行徒手攀登。基本要领是“三点固定”，即在双手、双脚抓和踏牢三个支点的条件下，才能移动第四支点，“三点固定法”是攀岩的基本方法。

①技术动作。身体姿势在攀岩时要自然放松，以三个支点稳定身体重心。随攀岩动作的转换，身体重心要随之移动，这是攀岩能否平衡、稳定、省力和成

功的关键。

在攀岩时身体切勿与岩壁靠得太近,这样会影响观察攀岩路线和支点的选择,同时容易使人较快地疲劳。如果保持身体重心落在脚上,身体保持与岩面平行,就不容易碰撞到岩面,视野开阔,便于观察路线,寻找攀登支点。但在攀登人工岩壁时,身体可贴得近一些。在攀登过程中身体舒展,上下肢要协调用力、有节奏,上拉、下蹬同时用力,身体重心的移动随支点改变而移动。

②手臂动作。手在攀岩中是抓握支点,维持身体平衡,使身体顺利向上攀登的关键所在,手臂力量的大小和技术动作掌握的好坏,直接影响攀岩的质量、效果和速度。初学者不善于下肢和全身的协调用力,手臂力量就显得尤为重要。

攀登人工岩壁与自然岩壁时,手臂动作和重心移动轨迹有所不同。攀登人工岩壁第一关节和腕关节用力较多,重心运动轨迹变化不大,节奏性更强;但攀登自然岩壁时,变化相对大些。

③脚部动作。在攀岩过程中是否能快速、顺利、省力地完成全过程,充分利用腿部的力量是非常重要的,因为最大力量在下肢,完全用手臂力量是不能持久的。

脚的动作要领:两脚外旋,大脚趾内侧贴近岩面,两腿微屈以脚踩稳支点,维持身体重心。膝部不能接触岩壁,否则会影响脚的支撑和身体平衡,甚至会造成滑脱而使腿部受伤。切忌用力过猛,注意用力方向。

④手脚及全身协调配合。攀岩爱好者上下肢及全身力量是协调发展的,但对初学者或技术不熟练的人而言,上下肢力量就显得更为重要。攀登一般是上肢引体,下肢蹬压、抬腿、伸直移动身体,同时需要有腰的动作配合。如果仅仅靠上臂力量,往往会出现麻木、酸痛、僵硬的情况,逐渐失去抓握能力,即使下肢有很大的力量,也难以维持身体的平衡。在攀登过程中,首先要练好上肢力量,上肢又要以手指和手腕、小臂力量为主,再配合以脚腕、脚趾以及腿部的力量,使身体重心随着用力方向的不同而协调移动,手脚动作的配合就应用自如了。在移动下肢的同时,两眼要看好手抓下一支点的位置,及时移动上肢,完成攀登的一个轮回。

(2)机械攀岩方法。

①上升器攀登。上升器攀登将主绳一端固定在壁顶上方,另一端扔至下面

固定拉紧。利用上升器卡于主绳上，与双脚协调配合，不断攀登。

②下降练习方法。在平缓或比较平缓的条件下，危险性小，一般不需要特殊的下降装备和技术，可进行自然下降。但在45°以上的陡坡、峭壁下降，则必须有一定的装备和技术。下面主要介绍利用下降器的下降方法。

A. 固定主绳。将主绳一端在顶部固定，另一端抛至下方，下降者系好安全带，将主绳与下降器、铁锁连接，左手握住主绳上端，右手在胯后紧握从下降器穿绕出来的主绳。

B. 站立姿势。面向岩壁，两腿分开，蹬住岩边，身体后坐，将上方主绳搭于岩边后，便开始下降。

C. 手脚动作。下降时两腿分开，手拉紧主绳，并将左手上方的绳子搭于岩边，左右腿上下支撑，用前脚蹬住岩壁，开始下降，先臀部后坐，同时右手松绳；两腿随着身体的下降而迅速地向下移步，使身体始终保持平衡。如果右手松绳，臀部后坐，而两脚仍不动，则会使身体失去平衡而造成向后翻的危险。

三、定向越野

(一)定向越野的起源与发展

定向越野起源于瑞典，最初只是一项军事体育活动，后来逐渐演变成为一项户外体育运动项目。“定向”这个词在1886年首次使用，意思是在地图和指北针的帮助下越过不为人所知的地带。最初的定向比赛于1895年在瑞典斯德哥尔摩和挪威奥斯陆的军营区举行。

定向越野是一项高度发挥个人智慧和体能的户外运动。这种根据自己的能力选择路线行进的方式是极为独特而令人兴奋的，每一次的行进路线都不同，只有脑力与体力协调配合才能取得期望的理想成绩。定向越野不仅是一项富于冒险和专业运动的体育项目，也是任何喜爱户外运动的人都可以参加的一项大众体育项目。定向越野通常设在森林、郊外和城市公园里进行，也可在大学校园里进行。

(二)定向越野的健身价值

定向越野运动对国人而言或许有点儿陌生，但在欧美各国已风行多年，参与活动者需要利用地图及指北针判读地形、地势、方向等，穿越那不可知的地区，活动内容相当丰富并充满趣味性。在定向运动的世界里能让你充分地与大自然结合，体验与大自然合而为一的感受。

定向越野是一项健康和智慧相结合的体育项目，是智力与体力并重的运动，它不仅能强健体魄，而且还能培养人独立思考和独立解决困难的能力，以及锻炼在体力和智力受到压力的情况下迅速做出反应、果断决定的能力。

定向越野是一项学生体育运动项目，因为它能培养学生独立分析问题和解决问题的良好的逻辑思维能力。

（三）定向越野的学习方法

运动员需凭个人定向技术、地图阅读能力、指北针运用及自己的思考判断，在陌生的野外环境中，寻找赛会预先放置的各控制点。控制点的位置是预先绘制在地图上的，当运动员到达控制点时可以找到控制点标志，它是三面一方尺(30 cm×30 cm)的旗号，对角分白色和橙红色，控制点编号印在上方白色位置，运动员利用附在标志上的密码夹，在控制点适当位置上打孔做记号，证明他曾到达该处。但控制点与控制点之间的路线没有限制，通常两点之间的路线会有两个以上的选择，寻找完成所需到达的控制点后，返回终点报到。

在定向越野中需要掌握的技术有以下几点。

1. 野外辨别方向

在自然界，人们要在野外确定方向，主要还是依靠经验和工具。

(1)利用地物特征可以帮助辨别方向。房屋门一般朝南开；树木通常朝南的一侧枝叶茂盛，色泽鲜艳、树皮光滑，向北一侧则相反；如墙、地埂、石块等，其向北一侧的底部较潮湿；再如河流、水塘、坑等，其向北一侧地缘的情况与凸出的地物相同。

(2)利用指北针辨别方向。这种方法十分简便快捷，将地图与指北针放于水平状态，转动地图直到地图上的指北针与指北针红色指针平行，地图即被定向。指北针在定向中，红色的指针永远指北。

2. 熟练使用定向越野图和指北针

熟练地掌握使用国际定向越野图与指北针的各种方法，是为了正确使用越野图，因此在学习定向越野技能的阶段，必须选择合适的场地，用较多的时间去进行使用越野图与指北针的训练。

(1)越野图的比例尺是越野图上最重要的参数之一。要学会识别、使用越野图，首先应懂得地图比例尺是图上某线段的长度与相应实地水平距离之比，如某幅越野图的图长为 1 cm，相应实地的水平距离为 15000 cm，则这幅越野图是将实地缩小15000倍测制的，1与15000之比就是该图的比例尺。

(2)越野图符号的识别对于正确使用越野图是十分重要的。识别符号不能靠机械记忆，需要了解它们的制订原则，了解符号的图形、色彩和其间的逻辑联系，这样才能根据符号联想出每一种地面物体的外形、特点和它的专门功能。

首先是符号的分类与颜色。地貌用棕色表示；岩石与石块用黑色表示，人工地物也用黑色表示；水系与沼泽地用蓝色表示；植被用绿色表示；白色表示普通林区；黄色表示空旷地；紫色是线路。

其次符号是有等级的。根据各类符号在定向越野图上出现的频率，同时为了促进全世界定向越野地图的标准化，国际定联将越野图的符号分为3个级别。

最后为了完整而详细地表示出地形，同时又保证越野图的清晰与易读，国际定联还制订了越野图符号的最小尺寸以及相互靠近的符号的关系的处理原则与最小间隔。

(3)越野图的地貌是定向越野中主要的，甚至是唯一的行进参照物。只有地貌才是最经常、最稳定、最可靠的向导。要想认识越野图的地貌，就必须清楚等高线显示地貌的方法，等高线是按高程测定的。高程是地面上各点高出平均海水面的高度，即海拔，两点间高程之差叫高差，即比高。等高线显示地貌的原理，可以通俗地解释为：设想把一座物体从下至上地按相等的高度一层一层地水平切开，这时物体的表面便形成了若干大小不同的截口线，将这些截口线垂直投影到一个水平面上，形成一圈套一圈的等高线图，显示出该物体的形态。

(4)磁北线是地图上表示地磁的方向线。它不仅可以用来标定地图的方向、测量目标的方位角，还可以用于概略地判明行进路线的方向和距离。磁北线在图上用0.175 cm的黑色平行线表示。在1∶15000的越野图上，要求两相邻磁北线间的距离约相当于实地500 m；在1∶10000的图上，要求两磁北线间的距离约相当于实地250 m。磁北线在图上的长度，要求贯通整个赛区。

(5)要完整、正确地理解越野图。由于图上物体的数量、形状、大小、位置等与实地并非总是完全一致的，读图时，可以先综合扫视一下图上的比赛地域，而后确定需要获取需要的信息；对各类符号要综合阅读，要了解它们之间的方向、距离、高差等空间位置关系；要快速而准确地确定自己在图上的位置、下一步的行进路线和方向；由于人为或自然的原因造成的地形变化是不可避免的，因此，越野图的测图时间也要考虑到。

(6)指北针的主要作用为辨别方向,在定向越野中它是不可或缺的工具。首先,正置地图,使地图跟地面环境互相配合,地图北向正北面,把地图转移至指北线与磁针同时指向北方;其次,测量前进方位,协助找出前进的方向,将指北针放于地图上,基板边缘连接自己(A)及目标(B),然后将指北针及地图一并转移直至地图正置,这时前进箭头指示的方位便是前往的目标的方向;最后,在比赛中,忽略了自己的位置常是初学者易犯的错误,应保持冷静,利用地理环境及指北针找出自己在地图上的位置,再定出前往目标的路线。

3. 越野跑

定向越野的越野跑实际上是一种长距离的间歇式跑。一方面要求尽可能地减少人体能量的消耗,维持一定的跑速;另一方面又要能根据比赛情况,具有快速跑进的能力。因此,在比赛过程中要尽量使全身动作协调配合,利用跑中产生的支撑反作用力与惯性不断前进,使身体保持平衡。呼吸时利用鼻子与半张开的嘴自然、有适当深度并有节奏地呼吸。按比赛的阶段不同、路段不同以及自身体能状况的不同来合理分配体力,速度不宜过快,动作要协调而富有节奏,尽量节省身体能量的消耗。越野跑时,由于跑的地点和环境在不断变化,所以跑的技术也要因条件的改变而随之变化。

常见地形上的越野跑技术:在平路上时,基本采用与中长距离跑相同的技术;在草地上时,用全脚掌着地,同时留心向前下方看;上坡时,上体应前倾,大腿抬高一些,并用前脚掌着地;下坡时,上体应稍后仰,并以全脚掌或脚跟着地;从稍高处往下跳时,可用跨步跳的动作,并以屈膝来缓和冲击的力量;在树林中奔跑时,一般都用手随时护住脸部;遇到小的沟渠、壕坑、矮的灌木丛或倒伏树木时,要增加跑速,大步跨跳而过;通过独木桥等狭窄悬空的障碍物时,应使脚面外转成八字的跑法或平稳地走过。

4. 选择比赛路线

果断、细心、迅速地选择最佳的行进路线,是定向越野比赛中取胜的重要手段。选择最佳行进路线的能力是建立在掌握其他定向越野技能,尤其是识图用图能力基础之上的,是体能与技能在比赛中的综合运用。选择路线时需要考虑各种选择的可能性,两点之间通常有多种选择,直线距离并不总是最佳选择。因此,选择路线的标准应该是安全性能最高以及体能消耗最少,易于发挥自己的技能和体能优势。如遇到高地、地坡、围栏之类的障碍时，是翻越还是绕行？当遇到密林、沼泽、水塘之类的障碍时，是通过还是绕行？另外，不同地形对奔跑速度也有影响，公路、空旷地、森林、山地或树林等不同地形，所需的时间也不同。

因此，选择路线要遵循下述原则：第一，尽量沿线形地貌（公路、输电线、小径、湖边等）行进，在线形地貌上容易确定站立点，使运动员更具信心；第二，地面相对平坦，有利于提高奔跑速度，走高不走低；如果不得不越野，应尽量在高处（如山脊、山背）行进，避免在低处（如山谷、低地）行进。因为地势高，展望好，便于确定站立点和保持行进方向，高处通风、干燥，荆棘、杂草、虫害及其他危险少。在山脊这样的地方，常常会有放牧、砍柴人踏出的小路，利用它，便于提高奔跑速度。

在实际操作中，仅依靠上述一般原则决定路线的选择还不够，还要让自己的“感觉”或“估计”变得更有科学依据，才有可能更快地提高定向越野成绩。

(四)定向越野的练习方法

1.地图正置及拇指辅行法

先将地图正置，把拇指放在地图上自己的位置。这样前进的方向便在地图前面，使你能清楚观察四周的环境及地理特征。当前进时，拇指随着移动，当改变前进方向时，地图也要随着转移，即保持地图指向正北方。这样就可以在任何时候都能立即指出自己在地图中的位置。

2.利用指北针，准确地找出目标的方向

每次前往目标时，可先观察目标周围地势，加深印象，务求快速及准确地到达目的地。

3.扶手法

运动员进行定向越野时，利用明显的地理或人为特征作引导，使行进时更具信心。如小径、围栅、小溪涧等，皆是有用的扶手。

(1)搜集途中所遇特征。确保前进方向及路线正确，切勿将相似的特征误认。

(2)攻击点。先找出控制点附近特别明显的特征，然后利用指北针，从攻击点准确迅速地前往控制点。攻击点必须是容易辨认的，如塔架、小路交点等。

(3)数步测距。先在地图上量度两点间的距离，然后利用步幅准确地测量要走的路程方法。先度量 100 m 所需步行的步数(设 120 步),当在地图上发觉由 A 点到 B 点的距离是 150 m 便可算出应走 180 步。为了减少数步的数目,可以利用“双步数”,只数右脚落地的一步便可把步数减半。

(4)目标偏测。利用指北针前进,把目标偏移,当到目标的上面或下面,才沿扶手进入目标。

(五)定向越野的基本规则及程序

1.定向越野器材

(1)号码布。号码布一般不超过 24 cm×20 cm,号码数字的高不小于 12 cm,字迹要清晰,字体要端正。正规的比赛要求将号码布佩戴于前胸及后背两处。

(2)指北针。指北针多由组织者提供,如要求自备,则可能会对其性能、类型做出原则上的规定。目前国际上的定向越野比赛常使用由透明有机玻璃材料制作的指北针。

(3)检查卡片。检查卡片主要用于判定运动员的成绩。用厚纸片制成,分为主卡和副卡两部分。主卡由运动员在比赛中携带,并按顺序将每个检查点的点签图案印在空格中,到达终点时交裁判人员验证;副卡在出发前交工作人员留底和公布成绩时使用。检查卡片的尺寸一般为 21 cm×10 cm。

(4)地图。地图是定向越野最重要的器材,幅面的大小是根据比赛区域的大小来确定,比例尺通常为 1∶15000 或 1∶20000,当需要时也可采用 1∶10000 或 1∶25000;等高距为 5 m,当需要时也可用 2 m 至 10 m,但在一幅图上不得使用两种等高距;越野图的精度,要使以正常速度奔跑的运动员没有任何不准确的感觉;越野图还要详细表示与定向和越野跑直接相关的地物、地貌,要利用颜色、符号等详细区分通行的难易程度。

(5)检查点标志。检查点标志是由 3 面标志旗连接组成,每面正方形小旗,沿对角线分开,左上为白色、右下为红色,旗的尺寸为 30 cm×30 cm,可以用硬纸壳、胶合板、金属板、布等材料制作。标志旗通常要编上代号(国际上过去曾使用数字做代号,现已规定使用英文字母),以便于选手在比赛时根据旗上的代号来判断他是否找到了正确的检查点。

(6)点签。点签是与检查点配合而起作用的,它提供给运动员一个到达位置的凭据。点签的样式很多,但最常见的还是印章式和钳式。

(7)着装。定向越野比赛对运动员的着装没有特殊的要求，通常衣裤以紧身又不影响呼吸与运动为宜。为防止树枝刮伤和害虫侵袭，最好选用面料结实的长袖衣和长裤甚至使用护腿；鞋身防水、轻便、柔软而又结实，有利于上下陡坡、踩光滑的树叶或走泥泞地。鞋底的花纹最好是高凸深凹的齿，避免在碎沙地上奔跑时滑倒。

2. 报到处

运动员在比赛前被带到赛区的报到处，办理登记手续，领取比赛号码布。在会场内可查阅运动员的出发时间和有关比赛的资料。

3. 出发区

运动员出发前 10 min 到达出发区，通常出发区距离会场数分钟至 30 min 的路程，运动员依赛会指引，自行前往，如因个人延误迟到，所损失的时间将不予补偿。

4. 比赛

各组的运动员每隔 1 min 或若干分钟出发一队，出发后运动员必须离开出发方格，以免阻碍其他运动员出发。出发后须寻找所需到访的控制点然后返回终点报到。

5. 终点处

运动员通过跑道，越过计时器后，计时员会把他到达的时间记录下来，然后在地图收集处缴回地图及控制点。运动员返抵终点后须迅速离开，以免妨碍后来到达的运动员。

6. 重返会场

运动员可从布告栏上查阅比赛成绩及在稍后时间取回赛图留念。如有投诉，须于成绩公布后 5 min 内提出。颁奖后，可各自离场。

四、登山运动

(一)登山运动的起源与发展

现代登山运动诞生于 18 世纪欧洲西部的阿尔卑斯山区。由于现代登山运动兴起于阿尔卑斯山区，在世界各国登山运动便又被人们称为“阿尔卑斯运动”，把德索修尔、帕卡尔和巴尔玛誉为世界登山运动的创始人。此后，登山逐渐发展成为一项为大家所爱好的运动。

(二)登山运动的健身价值

登山是古今中外广为推崇的一项亲近大自然、强身健体的活动。在攀登过程中，手的抓、拉和下肢蹬、踏、跨越等动作，可增强全身肌肉、关节的力量和柔韧性。登山时，人体需要大量的氧气，从而可使心脏搏动和呼吸加快加深，有助于锻炼心肌和呼吸肌，防治心血管系统和呼吸系统的疾病。

（三）登山运动入门与基础

1.登山装备

登山装备是登山活动中集体和个人所使用的专用装备、保障装备和日用装备的总称，它与登山食品、燃料一起构成登山活动的整个物质保障。

（1）登山专用装备。登山专用装备即直接与登山活动有关的必需匹配的装备，包括被服装备、技术装备和露营装备。

①被服装备。主要是常用的保暖、防护等一系列物品，如岩石衣裤、岩石革、御寒服装、风雪衣、高山靴、行囊及防护眼镜等。

②技术装备。主要是进行技术操作时的必需装备，如冰镐、冰爪、铁锁、安全带、主绳、辅助绳、雪崩飘带、钢锥、雪铲等。除此之外，可根据每次任务的具体路段情况，改进、制备相应的增效技术装备，如上升器、下降器、走雪橇、金属梯、小挂梯、滑车等。

③露营装备。主要是提供休息、饮食的装备，如帐篷、睡袋及灶具等。

（2）保障装备。保障装备不是登山运动专用，而是为了应付各种意外情况及其他目的而备用的一些器材和用具，如氧气装备、通信器材、摄影器材、自卫武器、交通工具、观测仪器、救护器材和一般用品等。保障装备的种类和数据配备要根据任务性质和队伍规模而定，有时要从简，有时则要加强，其中较重要的有氧气装备、通信器材和摄影器材。

（3）日用装备。日用装备包括起用用品、卫生用品、简单工具、常备药品、辨向图仪、娱乐用品、纸张文具、缝纫用品、灯火照明、体育用品等。一次登山活动，运动员在高山区活动时间较长，有时可达一两个月，所以各种用品必须携带齐全。

2.登山技术

登山技术是指登山运动中为克服在复杂地形上遇到的各种困难而采取的科学的操作方法。在登山时遇到的各种地形困难是运动员行动的威胁和障碍。在同一客观困难面前，是战胜它去夺取胜利，还是陷入险境而酿成事故，一般说与登山运动员的技术状况、集体配合有很大关系，因此登山技术对于实现各种登山战术要求具有重要的意义。

登山技术主要分为结绳、保护、攀登、下降、渡河、搭桥等。

(1)结绳技术。结绳技术即绳索之间、绳索与其他装备之间的连接。在登山进行过程中,相互保护、越过障碍、攀登岩石或冰雪陡壁、渡过山涧急流,都离不开绳索,所以绳索是登山中所使用的最重要的装备。结绳方法依其用途不同可分为以下四种。

①固定用的绳结。固定用的绳结是指即将绳索一端直接固定于自然物体上。固定时多采用布林结、牵引结和通过结。

②接绳用的绳结。接绳用的绳结是指即根据要求,将短绳接成长绳时使用的绳结。多采用平结、交织结(分单双交织结)和混合结。

③保护用的绳结。保护用的绳结是使绳索之间或绳索与铁锁之间能够产生摩擦和滑动的一种连接。多采用单环结和抓结。

④操作用的绳结。操作用的绳结主要有双套结,用于特定攀登、下降技术中的操作用结和收绳缠绕后固定绳头的用结。

(2)保护技术。为防止登山过程中因动作失误而引起意外险情所进行的各种操作,统称为保护技术。在攀登、下降、渡河、救护等技术操作中,为保证安全,都需要各种保护技术配合。保护技术主要分为固定保护、行进保护和自我保护三种。

①固定保护。根据保护与被保护者的相对位置,固定保护有交替、上方和下方三种保护方式。

A. 交替固定保护。结组通过较陡峭的冰坡时,多采用这种保护。具体要求是,一个结组内同时只能有一个人行进,其他人停止行进,将冰雪锥或冰镐打入坡面,作为牢固支点,并将主绳在它上面按特定的要求缠绕。与行进者相邻的运动员做了上述操作后,还要根据行进者的速度做收绳、放绳动作。行进者走完主绳间隔那一段距离后,停下来,重复做保护者的动作,第二人便开始行动。依次反复行进。

B. 上方固定保护。因固定保护者处于被保护者上方而得名,多用于攀登峭壁的保护中。保护者在峭壁顶部,利用钢锥或自然物将主绳一端牢牢固定,然后将身体牢固地结于主绳的相应位置,构成自我保护装置,以免攀登者失误脱落时被牵动。最后,将主绳另一端抛给峭壁底部的攀登者,攀登者将绳端牢固地结于自己身上,通知上方后便可以行动。保护者随着攀登者的行进要不断做收绳动作,勿使主绳松弛。

C.下方固定保护。第一人攀登峭壁时,因上方无人,只能采用下方攀登保护,即保护者的位置在攀登者的下方。其装置也是将主绳的一端于保护者附近固定,另一端交攀登者系在身上。攀登者在行动过程中要不断地把主绳挂到自己打入峭壁的新支点上,保护者要随着攀登者的上升不断做放绳动作。在攀登者失误滑落时,因牵动保护者的拉力来自上方,对保护者构不成威胁。故一般情况下,下方保护者可不设自我保护装置。

②行进保护。行进保护是指行进中不需要预设专人保护,而只是在出现险情后依靠保护装置所采取的一种应急保护技术。最简单的方法是用主绳将2～5名运动员的身体连接牢固,构成一个结组。结组行进中,一旦有人失误滚坠,同组其他人都要利用保护装置进行保护性操作,即立刻以最方便的姿势和最快速的动作,将冰镐全力插入冰雪、碎石或裂缝中,以期通过固定自己的身体而拉住滚坠者。

③自我保护。不管是行进保护还是固定保护,攀登者一旦失误,都不能消极地依赖别人的保护,而要尽量做出各种自救动作,这叫作自我保护。特别是在采用行进保护的情况下,失误滑坠,要向同伴高呼"保护",同时迅速将身体成俯卧姿势,并用全力使冰镐尖与坡面摩擦,以减低下滑速度。

(3)攀登技术。攀登技术是指攀登、下降、渡河等技术。根据不同地区的地貌特点,将攀登技术分为岩石作业和冰雪作业两大类。在两类作业技术中,一般是根据地形的不同运用相应技术。攀登技术主要有以下三种。

①攀登岩石、峭壁技术。攀登岩石可以分为垂直路线的攀登、缘绳攀登、双人结组攀登岩石峭壁和人工攀登岩石峭壁,具体内容如下。

A.垂直路线的攀登:垂直路线,只要攀上的岩壁坡度为90°,属十分陡峭难攀的路段,就必须采用三点固定攀登、抓结攀登及上升器攀登法。

所谓"三点固定"攀登法,即双手、双脚握(或蹬)牢三个支点后才能移动第四点。这是攀登岩石峭壁常用的基本方法。在攀登陡峭的岩石壁,没有可抓握支点的情况下,可在主绳上用辅助绳打上抓结,另一头打上双套结,然后脚踩双套结,手推抓结向上攀登;也可利用上升器的咬齿与主绳的摩擦,使之只能向上推动不能向下滑脱而逐渐上攀。

B.缘绳攀登。在攀登小于90°的岩壁和陡坡时,可利用上方固定好的主绳扔至下方，攀登者可双手抓绳、脚登岩壁而上，为了安全还可打抓结将身体与主绳连接，手推抓结向上攀登。

C. 双人结组攀登岩石峭壁。遇到攀登路段过长，一次登上有困难时，可两人交替保护攀登。第一个攀登者要带足所需器材和设备，按双人结组装置连接，特别要注意绳套和铁锁。

D. 人工攀登岩石峭壁。遇到岩壁陡峭光滑，无任何可利用的自然支点，或岩壁成屋槽状时，就必须采取人工攀登的方法。这种方法，就是将准备好的挂梯交替向上挂在相应的人工支点上，攀登者利用挂梯作支点向上攀登。

②攀登冰陡坡技术。在冰雪作业中，主要困难来自超过 45°的冰陡坡。在这种路段上攀登时，脚下容易滑脱，平衡较难掌握。一旦滚坠，下滑速度很快。因此，不仅要在脚下佩戴冰爪，而且在一般情况下要用绳索结组，在固定保护下轮流单人攀登。如路段不长，下方又无危险地形，也可结组同时攀登。攀登时，双手在胸前横握冰镐：一手握镐头三通处，镐尖朝下；另一手握冰镐下方 1/3 处（双手距离约等于肩宽）。双臂用力将冰镐尖扎牢于冰面，然后依次移动双脚，反复进行。踏脚时也要用力使冰爪扎牢于冰面，或者采用双手各握一把短小冰镐向上攀的方法。在攀登 45°以下冰坡以及各种雪坡时，脚下佩戴冰爪，在冰镐辅助下自然上攀即可。只是在冰坡上行进时要用力踏足，以使冰爪扎牢于冰面。

③下降技术。根据路线的坡度，下降分为缓坡、中坡、陡坡、峭壁四种不同难度的技术。其中，在 45°以下的缓坡、中坡下降，因危险性小，一般不需要特殊装备和技术，在冰镐辅助下，根据体力情况，自然下降即可。

（四）登山运动的练习方法

简单而言，要从事登山活动，在练习中必须要具备体力、装备、知识与技术三大要素，然后前往任何的山区活动，才会是安全、快乐与健康的。

1. 体力

在登山运动中，体力是至关重要的。体力的训练方法：首先要准备一双慢跑运动鞋，使慢跑者不易造成运动伤害。可在运动场、公路等地方，以最舒适的速度进行练习，并尽量地大跨步，从 1000 m 跑开始，最好每天都跑，每天加一些距离，当距离已达 3000 m 或 5000 m 时，才将速度慢慢加快，同样的要以舒适为佳，不可超越个人的体能状况。当然，除了慢跑之外，还可进行一些重量训练、柔软度训练。在登山运动者中，许多人或多或少都有些运动伤害，这些运动伤害有许多因素与体力、重量训练的不足有关。

2. 装备

登山装备就是登山活动中集体和个人所使用的专用装备、保障装备和日用装备的总称。它与登山食品、燃料一起，构成登山活动的整个物资保证。登山装备，应该充分适应登山运动的环境条件特点，在设计、选材、用料、制作上，尽量使其轻便、坚固、高效且多用。

3. 知识与技术

从事登山运动，必须进行相关知识的学习，并接受各项训练，才能得到安全的保障。知识的增加，除了安全之外，更能增加乐趣与情趣，那该去读或听哪些课呢？与安全息息相关的毒虫和蜂的防治、气象学、地图与指北针的认识和使用、运动医学、高山医学、食用植物、登山装备的分析、大型动物的认识等，还有地形地质学、植物学、鸟类的识别、动物昆虫的识别、摄影术等。技能训练上，有求生训练、攀岩训练、急救训练、雪地技术等，甚至连救难方法也是需要学习的。

第四节　全民健身背景下体育俱乐部健身运动基础知识

发展至今，体育俱乐部健身已成为大众体育健身的重要途径和形式，它为人们的健康提供了科学的指导和完善的服务。本节就体育俱乐部健身运动形式与方法进行研究，包括体育俱乐部健身概述、有氧器械运动健身、力量器械运动健身以及各类操课运动健身。

一、体育俱乐部健身概述

（一）体育俱乐部健身运动的作用

体育俱乐部健身运动的作用主要包括以下六个方面。

第一，体育俱乐部能够向人们提供积极的健康理念。

第二，体育俱乐部可以向人们提供优质的健身场所。

第三，体育俱乐部可以向人们提供齐全的运动设备。

第四，体育俱乐部可以向人们提供专业的健身教练。

第五，体育俱乐部可以向人们提供多样化的运动形式。

第六，体育俱乐部可以向人们提供更多的沟通与交流机会。

（二）体育俱乐部健身运动装备

体育俱乐部健身运动装备主要包括健身服、鞋子、手套及袜子、毛巾、水等。

（三）体育俱乐部健身运动的礼仪

第一，不要长时间占用健身器械。

第二，不要随身携带手机。

第三，不要随意从镜子前走过。

第四，注意保持器械卫生。

第五，保持安静。

第六，学会尊重他人。

第七，让自身体味保持清新。

(四)俱乐部健身运动需注意的问题

第一，健身器械应使用得当。

第二，切忌锻炼方法单一。

第三，注意动作要到位。

第四，不能忽视热身运动。

二、有氧器械运动健身

(一)跑步机

1. 跑步机概述

跑步机是减肥者的最佳选择。它一般分为电动和人力两种。电动跑步机可以显示距离、速度、时间、耗能等数据，不易引发伤病(图 4-54)；人力跑步机靠使用者向后蹬踏来驱动滚带，所以双手不能离开扶手，实际上只能快走，无法真正地跑起来，没有电动跑步机使用起来方便。因此，人力跑步机目前使用得较少。

2.跑步机的作用

跑步机的作用有:跑步运动、仰卧起坐运动、多部位按摩、扭腰运动。

3.跑步机的使用方法

(1)初次使用电动跑步机。初次使用电动跑步机时,应先以较慢速度进行跑步运动,待适应后双手松开扶手随跑步机运动,其跑步的感觉与平地跑步没有区别。

(2)电动跑步机启动事项。开启电源时,不得站在跑带上,运动时请佩戴安全夹扣,并逐渐调整速度,避免速度突然变化。

(3)启动电动跑步机。插入电源,将安全开关磁片放入仪表安全开关插口,按一下"开/关"键,跑步机直接启动运行。仪表上立即显示跑步皮带时速。

(4)电动跑步机按键。使用"增速""减速"键或使用扶手上的速度"+""-"键调整运行速度。最高速度 12 km/h。按"复位"键窗口清零。使用"升坡""降坡"键或扶手速度"+""-"键,调整跑步机坡度,最大坡度 15%。按速度、坡度直选键可以直接选择速度和坡度。

(5)设定速度运行参数。待机状态下,按"设定"键,仪表窗口清零,时间、距离、速度窗口分别闪烁。按"增速""减速"键修改运行参数。然后按"开/关"键执行所设定的运行参数。可根据自身状况选择合适的运动值。

(6)8 个固定速度程序的操作。待机状态下,按"设定"键,仪表窗口清零,按"速度程序"键,速度窗口分别显示 S01～S08,当显示 S08 后再按一次"速度程序"键,速度窗口显示征程。当确认选择某一程序后,按"开/关"键启动执行当前程序,每种程序 15 min,继续选择方法同上。

(7)设定坡度运行参数。待机状态下,按"设定"键,仪表窗口清零,时间、距离、速度窗口分别闪烁。按"升坡""降坡"键修改运行参数。然后按"开/关"键执行所设定的运行参数。可根据自身状况选择合适的运动值。

(8)8 个坡度程序的操作。待机状态下,按"设定"键,仪表窗口清零,按"速度程序"键,坡度窗口分别显示 P01～P08,当显示 P08 后再按一次"坡度程序"键,速度窗口显示征程。当确认选择某一程序后,按"开/关"键启动执行当前程序,每种程序 15 min,最大坡度 15%,继续选择方法同上。

(9)手握心率的测试。双手揉搓几次后,紧握扶手心率传感器,心率表开始显示当前心率值。

(10)跑步结束。跑步结束后，关掉跑步机电源开关，拔掉电源插头。

4.跑步机使用的注意事项

第一，切忌发力过猛。

第二，注意跑步时间不宜过长。

第三，不应该扶着把手跑步。

第四，不是速度，而是坡度越大越好。

第五，不能不穿鞋或穿不合适的鞋。

第六，跑步时不要看电视。

(二)登山机

1.登山机概述

登山机是一种模拟登山的有氧训练健身器(图 4-55)。通过选择适当的锻炼范围，有计划地进行本器械的有效锻炼，有助于改善人体的心肺功能，促进血液循环，并使四头肌、腹肌、臀肌、腓肠肌等身体大部分肌肉得到增强。

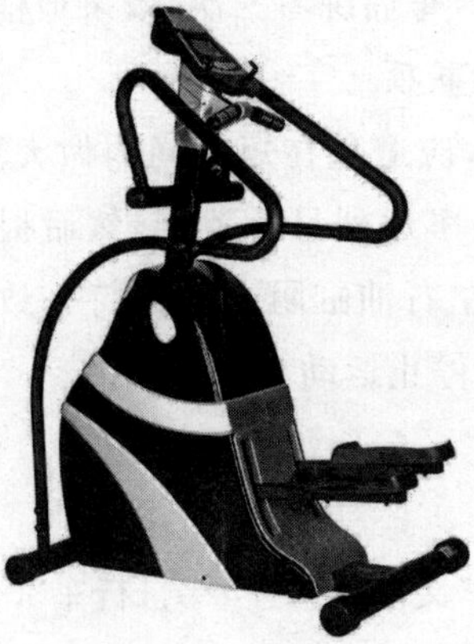

图 4-55　登山机

2.登山机的作用

第一，有效瘦身。

第二，双重锻炼效果，能同时完成心血管系统和肌肉系统的双重锻炼。

第三，耗能更高。

第四，降低损伤。

3.登山机的使用方法

第一，手轻轻握住把杆，或者专用手指碰到把杆。抓握时就像握住一只纸杯，太用力会把纸杯捏扁，最佳情况是放开双手，让它们自由下垂在身体两侧。这样不仅加强了心肺功能，也锻炼了身体的平衡能力。如果发现必须要用力抓住把杆才能保证运动正常进行，那说明选择的速度太快了，可以将速度降低。

第二，身体站立，可以稍稍有一点前倾，但不要弓背，而且不要让身体左右倾斜，如果身体左右倾斜，很有可能是由于步子太长。肩要放松，并稍向后夹，腹肌收紧。

第三，每次步长最好一样，步长不要太短，步长太短会影响能力的消耗，达不到较好的健身效果；但是也不要步长过长，步长过长，会导致重心不稳，左右摇晃。

第四，尽量把全部脚掌都放在踏板上，如果踮起脚尖，小腿的肌肉会很快疲劳，这样会缩短健身时间，达不到预期的效果。

第五，双脚踩到踏板上，之后双脚交替两次，机器就会自动显示。然后根据训练的目的设置阻力值就可以了。如果只想减肥的话，可以把阻力调到 8～12，心率保持在 130～140 次/min，时间保持在 30～40 min 就会达到很好的减脂效果。如果想提高心肺功能，阻力值可以设置为 6～8，心率保持在 100～120 次/min，坚持运动 20 min 就会收到很好的效果。

第六，保证运动的持续性，每周练习三次，效果最佳。

4. 登山机使用的注意事项

在使用登山机做运动时，应避免在短时间内做大量运动；锻炼前先将油缸阻力调低，做集中慢踏步使心率达到目标范围，然后提高油缸阻力到所希望的范围；锻炼时步子避免过大，左右油缸阻力应保持一致；锻炼结束后，慢踏步几分钟使心率恢复正常，再缓慢停止运动。

(三)健身车

1. 健身车概述

在运动科学领域中，健身车又被称为“功率自行车”，分为直立式、背靠式两种，可以调整运动时的强度，起到健身的效果，所以人们把它称为“健身车”。

2. 健身车的作用

第一，健身车能够克服心脏功能疾病。

第二，健身车运动能预防高血压、发胖、血管硬化，并保持骨骼强健。

第三，健身车是减肥的工具。

实际上，骑健身车能够通过压缩血管，来加速血液循环，使大脑能够摄入更多的氧气。由于吸进更多的新鲜空气，骑行一段时间之后，会觉得头脑更加清晰。

3. 健身车的使用方法

第一，长时间的慢速骑行：心率一般不超过最大心率的 65%，持续时间 20 min 以上。

第二，快速骑行：心率达到最大心率的 85%以上。

第三，快慢结合的骑行方式。

第四，中速骑行：把心率控制在最大心率的 65%～85%，是锻炼心肺功能和身体有氧运动能力的好方法。

在选择健身车运动时，最好能够将以上几种骑行方式交替进行，或者以其中一种骑行方式为主，同时辅以其他方式，能够达到更好的锻炼效果。运动员刚开始锻炼时，骑行速度不宜过快，时间一般维持在 20～40 min，其间如果感觉疲劳，可间隔一段时间待体力慢慢恢复后再重复运动。

4. 健身车使用的注意事项

第一，注意调整车座的位置。

第二，正确放置车把的位置。

第三，学会读控制面板数据。

第四，调整车镫子的吊带长度以感到舒适。

第五，不要用脚尖去蹬车。

第六，不要弯腰弓背。

第七，确定车的坚固性。

(四)骑马机

1. 骑马机概述

在健身房及家庭健身中，骑马机是比较常见的一类运动健身器材，它通过电动机带动机械装置，使人体以不同的速率及方向做立体摇摆运动(图 4-56)。骑马机体积小而轻便，适合各种年龄层次的人使用。

图 4-56　骑马机

2.骑马机的作用

第一，强化腰腿肌肉。

第二，提高平衡感。

第三，塑身。

第四，减肥。

第五，预防脊椎病。

3.骑马机的适应人群

第一，缺乏运动的人。

第二，腰部、膝部软弱的人。

第三，想瘦身的人。

第四，希望改善姿势的人。

第五，想预防跌倒的人。

4.骑马机的使用方法

第一，坐上本机器并保持身体平衡，必要时握住把手。

第二，以双脚脚踏方式带动骑马机转动。

第三，保持骑马机转动并配合身体惯性运动而全身扭动。

第四，欲停止使用时，请放慢速度达到停止转动方可结束。

第五，建议初学者，使用单脚踩地方式辅助骑马机惯性运动，更容易起步。

5.骑马机使用的注意事项

腰部疼痛，腰腿、颈部、手部有麻痹或痛症问题的人，使用骑马机前必须咨询医生的意见。

(五)椭圆仪

1.椭圆仪概述

在一般的健身俱乐部中，椭圆仪是相当常见的心肺适能运动训练工具，而且也广为运动员喜爱。

2.椭圆仪的作用

第一，提高心肺功能，还有助于减肥、增强腿部肌肉力度和全面提高身体素质。

第二，椭圆机屏幕可以显示出训练者的心率、呼吸频率、时间、速度、耗能等各种数据，以方便训练者清楚地了解自己的锻炼状况。

第三，椭圆磁控车机可以训练上下肢的协调能力，提高中枢神经系统对肌肉的支配效果，更具安全性。

第四，椭圆机能够为关节提供保护。

第五，椭圆机通过空间机构，实现踏板轨迹的椭圆运动，使椭圆机健身运动与人的自然跑步相吻合。

第六，椭圆机设计有步幅调节机构、运动规律调节机构、阻力调节机构。

3. 椭圆仪的使用方法

第一，接通电源，打开开关，电子表显示开始工作。

第二，双手轻握器械上方的扶手；手随着脚依次向前进行蹬踩运动；等手脚的运动达到比较协调的程度后，再逐渐增加手的推力和拉力。

第三，用椭圆仪练习能做向前、向后的双向运动。

4. 椭圆仪使用的注意事项

第一，不要向后运动。

第二，尽量不要让脚掌离开踏板。

第三，可以通过阻力和坡度的调节来增加锻炼的趣味性。

三、力量器械运动健身

（一）杠铃

1. 杠铃概述

杠铃是一种运动训练器材，也是举重所用器材。杠铃的用途广泛，借由杠铃及不同重量的铁片，针对全身肌群做肌耐力训练，健美人体线条，改善局部松弛的肌肉；此外，更可延缓肌肉老化、增加骨质密度、防止骨质疏松等。

2. 杠铃的种类

(1)标准杠铃。由杠铃杆（横杠）、杠铃片和卡箍三部分组成。分男子杠铃和女子杠铃两种，区别主要在杠铃杆上，杠铃片是相同标准的。男子杠铃杆长 2.2 m、重 20 kg，女子杠铃杆长 2.15 米、重 15 kg。杠铃杆直径 0.028 m，最大的杠铃片直径为 0.45 m，外面包有橡胶可以起美观和减少杠铃落地的噪声的作用。卡箍每个重 2.5 kg。杠铃片的添加规则是，内侧（先加）重外侧（后加）轻，也就是重的加在内侧，轻的加在外侧。因为卡箍质量是 2.5 kg，所以 2 kg 以下（包括 2 kg）的小杠铃片必须加在卡箍外侧，而且这种小杠铃片每侧限加一个。

(2)非标准杠铃。结构同于标准杠铃，尺寸要求并不严格，制作要求不高，质量可以自由规定，民间使用的石担也可以代替。此外，为达到某些特殊要求，如需发展某局部的肌肉，可按需要制作各种形态的特种杠铃（如屈轴杠铃、弓形杠铃和环型杠铃等）。

3. 杠铃的作用

第一，可改善肥胖者的心肌代谢状况。

第二，可以改善肥胖者肺的功能状况，增强呼吸肌的力度，增加胸廓活动范围，增加肺活量，改善肺的通气能力，使气体交换频率加快，有助于氧化燃烧多余的脂肪组织。

第三，可以改善肥胖者的消化器官活动相互调节的能力，包括增加胃肠蠕动，改善胃肠血液循环，减少腹胀、便秘等消化道不良反应。

第四，杠铃运动还有助于降低肥胖者的血脂。

第五，可增强肌肉等组织对胰岛素的敏感性，增强肌肉的柔韧性，并能增加骨基质和骨钙含量，进而增加骨骼强度，降低骨折发生率。

第六，杠铃操运动可使肥胖者感到心情松弛、愉快，培养自信心，有助于培养良好的有规律的生活习惯。

4. 杠铃卧推基本练习方法

(1)平板杠铃卧推。运动员平躺在卧推凳上，双脚自然地放在地上。调整身体的前后位置，使眼睛位于卧推架上杠铃的正下方。握距比肩稍宽，从卧推架上取下杠铃。慢速下放杠铃，直到上臂与地面平行为止。然后推起杠铃回到起始姿势，如此重复。

(2)下斜杠铃卧推。运动员进行下斜杠铃卧推运动时，要躺在30°～45°的下斜训练凳上。握距比肩稍宽，先向着天花板的方向竖直举起杠铃。慢速下放杠铃到乳头下缘，直到上臂与地面平行为止。然后推起杠铃回到起始姿势，如此重复。

(3)上斜杠铃卧推。运动员是做上斜杠铃卧推时，要躺在上斜训练凳上，握距比肩稍宽，先向着天花板的方向竖直举起杠铃。慢速下放杠铃，直到上臂与地面平行为止。然后推起杠铃回到起始姿势，如此重复。

(4)反握平板杠铃卧推。运动员做反握平板杠铃卧推时，要平躺在卧推凳上，双手反握(虎口向外)杠铃，握距比肩稍宽，从卧推架上取下杠铃。慢速下放杠铃，直到杠铃几乎碰到胸肌中部为止。然后推起杠铃回到起始姿势，如此重复。

(二)哑铃

1.哑铃概述

哑铃是举重和健身练习的一种辅助器材。轻哑铃的质量有6磅、8磅、12磅、16磅(1磅=0.4536kg)等。重哑铃的质量有10 kg、15 kg、20 kg、25 kg、30 kg等。因练习时无声响,取名哑铃。

2.哑铃的作用

第一,长期坚持练习哑铃,可以修饰肌肉线条,增加肌肉耐力;可以使肌肉结实,强壮肌纤维,增加肌力。

第二,可以锻炼上肢肌肉及腰、腹部肌肉。

第三,可锻炼下肢肌肉。如手持哑铃单脚蹲起、双脚蹲跳等。

3.哑铃基本练习方法

第一,练习哑铃前要选好合适的重量。

第二,练习目的是增肌,最好选择65%～85%负荷的哑铃。

第三,练习目的是减脂,建议练习时应做到每组15～25次甚至更多,每组间隔控制在1～2 min。如果觉得这种练习很枯燥,可以配合自己喜欢的音乐练习,或跟随音乐做哑铃健身操。

4.哑铃使用的注意事项

哑铃使用的注意事项有:动作标准;重量合适;呼吸合理;热身不可少;运动适量;心情愉快。

在训练中保持良好的心情,往往能事半功倍。良好的情绪、充沛的精神,总是能给人带来意想不到的效果。

(三)壶铃

1.壶铃概述

一般来说,壶铃是用铸铁制成,按重量分别有10 kg、15 kg、20 kg、25 kg、30 kg等规格。在我国民间也有外形似锁状的石锁,用法与壶铃大致相同。用壶铃进行健身锻炼时,可以做各种推、举、提、抛和蹲跳等练习。壶铃训练与哑铃、杠铃训练的不同之处在于,壶铃对于全面提高整体的爆发力更加有效,因此壶铃与石锁一直受到格斗士和武术家的喜爱。

2.壶铃的作用

第一,掌控重心的不同,有利于发展爆发力和整体力量。

第二，更有利于增强躯干的稳定性和厚度。

第三，有利于发展小肌肉群的力量，促进整体平衡。

第四，运动幅度更大。

3.壶铃的基本练习方法

(1)坐势推举健身法。坐姿推举健身法要求运动员坐在方凳上，两手屈臂持壶铃置于胸前；两臂用力伸直，将壶铃举起至手臂充分伸直。这个练习主要发展肱三头肌、三角肌及胸背部肌群的力量。练习时，每组可以做15次左右，做4组。推举时，上体应保持正直姿势。整个动作要快速有力地完成。推举时吸气，还原时呼气。

(2)直臂侧平举健身法。直臂侧平举健身法要求运动员两脚开立，两手各持一壶铃，两臂体侧自然下垂；然后，双臂用力向两侧平举至手部平于肩的部位。这个练习主要发展三角肌的力量。练习时，每组可以做10次，做4组。以后逐渐增至每组15次左右。侧平举应直臂进行，两手举至平于肩肘时稍停后再还原。侧平举时吸气，还原时呼气。

(3)腰绕环健身法。腰绕环健身法要求运动员两脚开立，双手同握一只壶铃；双手直臂拉动壶铃做向体侧上摆经头上方还原的腰绕环动作；腰部应随壶铃转动。这个练习主要发展腰肌的力量。练习时，每组做10次左右，做4组。腰绕环动作要左右两方向交替进行。

(4)深蹲跳起健身法。深蹲跳起健身法要求运动员两腿分开，两脚开立；双手在体前持壶铃下垂于两腿间，成吊悬下蹲姿势；然后，蹬腿伸膝向上跳起。这个练习主要发展腿部肌群，特别是股直肌和臀大肌的力量。练习时，每组可以做15次左右，做4～6组。整个动作练习中，上体始终保持正直。跳起落下时要屈膝缓冲。

(5)直立后屈腿健身法。运动员面对桌子或墙壁直立，一脚套住壶铃，另一脚站立，双手扶桌子或墙；连续做向后屈小腿动作，两脚交替练习。这个练习主要发展股三头肌和小腿三头肌的力量。练习时，每组可以做10～15次，做4组。做动作时，要抬头挺胸，上体不得摆动。屈腿时吸气，还原时呼气。

四、各类操课运动健身

(一)搏击操

1.搏击操概述

搏击操是一种有氧操，它结合了拳击、泰拳、跆拳道、散手、太极的基本动作，遵循健美操最新编排方法，在强有力的音乐节拍下完成的一种身体锻炼方式。其具体形式是将拳击、空手道、跆拳道，甚至一些舞蹈动作混合在一起，并配合强劲的音乐，成为风格独特的一类健身操。

2. 搏击操的作用

第一，对核心肌肉进行强化。

第二，快速减脂。

第三，增强心肺功能。

第四，提高柔韧性。

第五，提高协调性。

第六，增强平衡能力。

第七，促使身体得到均衡发展。

3. 搏击操运动的注意事项

(1)装束。搏击运动员在装束上需要扎上发带、戴上帽子和搏击手套，或在手上缠上布带。上身穿紧身小背心，下身穿大短裤或长裤，衣着要以吸汗、宽松的运动服为主，最好要穿带有气垫的运动鞋。

(2)课程强度。运动员可以根据自身的承受力来扩大或缩小动作幅度，避免损伤。

(3)动作。运动员一定要按照标准动作去做，对身体的控制要掌握好，以免扭伤腰部和关节。

①腹部、下颚收紧，两手握拳于脸前(防御姿势)保持正常呼吸，不屏气。

②侧踢时不向前扭胯，否则会导致压力集中膝部，绷脚尖会扭伤膝盖，应向脚尖方向扭胯以减轻膝盖的侧压力。

③膝盖不要僵直，以减轻缓冲。在转身时要抬起膝盖，否则会扭伤十字韧带。

④击拳时要由肩部带动出拳，在完成击拳和踢腿动作前一直看着目标。

⑤避免肘、膝部用力过猛；避免进行闪躲或猛击动作时由于动作过大而脱臼，避免扭转动作。

(二)有氧操

1. 有氧操概述

有氧运动是运动时体内代谢以有氧代谢为主的耐力性运动。有氧运动的特点是强度低、有节奏、不中断和持续时间长，主要包括步行（散步、快走）、慢跑、有氧操等。

有氧操（有氧健身操）就是具有有氧运动特点的健身操，即在音乐的伴奏下能够锻炼全身的健身运动。必须是运动连续时间至少 12 min 以上。有氧操是一种运动强度恰如其分的体操，非常适合于心肺功能和肌肉力量的逐步增强，同时确保营养素的需氧呼吸，避免人体内的“燃烧”的浪费。

2. 有氧操的作用

有氧操的作用有：降血压，减肥，预防糖尿病，缓解压力，有利于心血管病的预防，改善血管内皮机能，增加心肺功能，保持关节健康，预防骨质疏松症，降脂等。

3. 有氧操运动的注意事项

第一，要遵循循序渐进的原则。

第二，有氧操运动后，要及时更换汗湿的衣服，避免着凉，特别是在空调房内运动后应做些伸展运动再行淋浴。

第三，经常做有氧健身操者，要留心自己的脚部，常修剪脚指甲。运动出汗较多，汗留在趾缝中容易使细菌滋生，所以应时常保持脚部皮肤干燥。

第四，跳操时要戴舒适有承拉力的运动胸罩。

第五，经期跳操，运动量不宜过大。

第六，没有运动习惯的女性，不宜在怀孕期间开始做健身操。即使有健身操训练基础的女性，在这期间也需要请教医生，以决定是否继续健身操训练。

（三）肚皮舞

1. 肚皮舞概述

肚皮舞又称为“东方舞蹈”。一般地认为肚皮舞是中东、中亚的古老的传统舞蹈。

肚皮舞源自埃及，最开始它是一种不入流的舞种，只能在一些小场合演出。1893 年，来自埃及的肚皮舞团在芝加哥举办的世界博览会上进行表演时，引起一片哗然，并成为当时的争议热点，但最终肚皮舞很快风行全美。通过世博会，肚皮舞走向了世界，因其精致的服饰、花哨的胯部动作及性感妩媚的姿态而风靡全球。

2. 肚皮舞的作用

肚皮舞的作用有：减少腹部脂肪，放松心情，塑造身体曲线，强化部分肌肉功能，保护女性健康的康复，有助于产后调理，消除压力，培养自信。

3.肚皮舞的基本装备

第一，赤足。

第二，露脐小上装。

第三，镶有亮片的臀部腰带。

第四，低腰长裙或灯笼裤。

第五，面纱。

第六，饰品，包括戒指、手镯、项链、腰链、脚链等。

4.肚皮舞的基本动作

(1)女神。

①动作要领。两上臂平举，与肩平，前臂稍高，与后臂呈大于90°的角；手掌向外翻，五指并拢，尽量压到与地面平行；两肩外展，双臂对称。

②瘦身指向。肱二头肌、肱三头肌、背肌。

(2)顶胯。

①动作要领。利用腹肌前收髋关节，腰胯两侧分别向前顶。

②瘦身指向。腹肌、髋关节灵活性。

(3)骆驼。

①动作要领。立胸并向前顶，移到最大幅度时收腹，向下压下腹肌，依次循环。

②瘦身指向。背肌、小腹。

(4)八字绕环。

①动作要领。一个髋关节向前移动，划个弧形后向后，另外一个髋关节朝前，依次上下蠕动。

②瘦身指向。臀部、侧肌。

5.肚皮舞运动的注意事项

在跳肚皮舞时，应该尽量抛开害羞、扭捏的心态，否则由于放不开导致身体僵硬，不仅起不到健身效果，还会打击自信心。

跳肚皮舞要求穿着宽松舒适的裤子，光脚或穿舞蹈专用袜套，课程前后必须跟随教练认真进行舒缓练习，以防止肌肉拉伤，进食后30～60 min方可练习。练习结束后1 h内不宜洗澡，因为运动后皮肤大量出汗，毛孔扩张，冷热刺激对身体有害无益。

通过促进盆腔血液流通，肚皮舞对月经不调、痛经等妇科疾病有一定的疗效，但是女性在经期时要调整运动量和剧烈程度，尽可能地避免出现行进间抖胯等太过剧烈的动作。

第五章 全民健身背景下不同健身目标的运动

第一节　全民健身背景下的热身运动

一、热身运动的定义

热身运动又称准备运动，前者因生理反应而得名，后者则属一般性概念。热身运动是某些全身活动的组合；在主要身体活动之前，以较轻的活动量，先行活动肢体，为随后更为强烈的身体活动做准备，其目的在于提高随后激烈运动的效率和安全性，同时满足人体在生理和心理上的需要。锻炼之前，人体的功能能力和工作效率不可能一开始就达到最高水平，因而需要通过热身调整运动状态。

二、热身运动的分类及作用

（一）热身运动分类

1. 一般性热身

一般性热身运动是指一般轻松的身体活动，包括运动的适宜强度与持续的时间，根据身体的健康水平和当日的身体状态来确定，一般人群应该是 10～15 min，身体微微出汗。其目的是简单地促进心率的提高，刺激呼吸的频率，增加血流量和帮助运送氧料及营养物质给肌肉，提高肌肉的温度。

2. 专门性热身

专门性热身运动是指根据运动员即将进行的健身项目，有针对性地对身体各部位或专门部位进行预热，以减少进入最佳锻炼状态的时间和预防运动损伤。主要热身内容包括全身几大肌肉群及几大关节两个方面。

热身的时间还受季节、温度因素所影响。一般来说，冬季温度较低，健身人员身体温度偏低，运动预热时间偏长，热身时间也应较长；夏季温度较高，健身人员身体温度偏高，运动预热时间偏短，热身时间也可相对减少。

（二）热身运动的作用

第一，提高肌肉温度和体温，保证运动安全性。

第二，血流量增加，氧气的扩散加快，肌肉供氧增加。

第三，物质代谢和能量释放过程加强，加速燃脂。

第四，提高神经系统的兴奋性，提升运动效果。

第五，调节心理状态，快速投入运动。

三、热身运动基本项目

（一）跨栏步压腿

1. 目标肌肉

跨栏步压腿锻炼的是大腿后侧股后肌群。

2. 身体位置

运动员坐于垫子上，一侧腿膝关节伸直朝前，另一侧腿内侧贴地，小腿向后弯曲呈跨栏坐姿势，双手自然下垂置于身体两侧。

3. 动作路径

运动员呼气时躯干向前伸展，胸口向伸直腿膝盖慢慢靠近，弯曲腿一侧的手指触碰伸直腿的脚尖，维持 5～10 s 后缓慢抬起上半身，感受股后肌群的拉伸。吸气回到起始姿势。

4. 运动强度

这一项目的运动强度是每侧 5～8 次为一组，共做两组。

5. 注意事项

运动员伸直腿膝盖不能弯曲，量力而为。

（二）弓步压腿

1. 目标肌肉

强压腿锻炼的是大腿前侧股四头肌。

2. 身体位置

运动员单腿全脚掌着地，脚尖朝前，大小腿成 90°。另一侧腿向后伸展，膝盖绷直，脚尖着地，成弓步姿势。头正肩平，腰部直立，双手可交叉放于前侧腿膝盖上。

3. 动作路径

运动员身体上下适量弹动，感受后侧腿股四头肌的拉伸。

4. 运动强度

这一项目的运动强度是每侧 5～8 次为一组，共做两组。

5. 注意事项

运动员前侧腿膝盖不能超过脚尖，上身保持挺直姿势，平视前方。

（三）仆步压腿

1. 目标肌肉

仆步压腿锻炼的是大腿内侧肌群。

2. 身体位置

运动员两脚左右开立，左腿屈膝全蹲，全脚着地；右腿挺膝伸直，脚尖内扣，尽量远伸。

3. 动作路径

运动员两手交叉置于弯曲腿膝盖上，或分别抓住左右脚，做向下压振和左右移换身体重心的动作。将身体重心从左脚移至右脚，呈另一侧的仆步。

4. 运动强度

这一项目的运动员强度是每侧 5～8 次为一组，共做两组。

5. 注意事项

运动员要挺胸塌腰，下振时逐渐用力，左右移动时要低稳缓慢。开胯沉髋，挺胸下压，使臀部和腿内侧尽量贴近地面移动。

（四）下蹲

1. 目标肌肉

下蹲锻炼的是大腿肌肉群。

2. 身体位置

下蹲时，平视前方，双腿自然分开与肩同宽（或稍宽），脚尖朝前；双手与肩同宽前平举，掌心向下。挺胸收腹，背部挺直。

3. 动作路径

下蹲时要注意呼气时下蹲至大腿与地面平行，臀部后坐；吸气时回到起始姿势。

4. 运动强度

下蹲的运动强度是每侧 8～10 次为一组，共做两组。

5. 注意事项

下蹲时膝盖不能超过脚尖。

(五)站姿夹背

1.目标肌肉

站姿夹背锻炼的是背部肌肉群。

2.身体位置

站姿呈自然站立姿势,双脚微分开,双手于身后交叉相握,肩平。

3.动作路径

呼气时背部肌群发力挤压背部肌肉,吸气时回到起始姿势。

4.运动强度

站姿夹背的强度是静力性挤压每侧 8～10 s 为一组,共两组。动力性挤压每侧 8～10 次为一组,共两组。

5.注意事项

锻炼时要注意发力的肌群为背部肌肉,切忌两手臂发力。

(六)俯卧撑

1.目标肌肉

俯卧撑锻炼的是手臂推力肌群、胸部肌群。

2.身体位置

做俯卧撑时头、躯干、臀、腿在同一平面上,双腿稍分开。双手和肩膀处于同一条直线上,两手臂稍微弯曲。女性或初学者可选择跪撑。

3.动作路径

吸气时曲臂降低身体,直至胸部接近地面,呼气回到起始姿势。

4.运动强度

俯卧撑的运动强度是 8～10 个为一组,共三组。

5.注意事项

运动时要注意发力的主要肌群为胸部肌肉,切忌完全由两手臂发力。

第二节　全民健身背景下的有氧运动

一、有氧运动概述

有氧运动是指人体在氧气充分供应的情况下进行的体育锻炼,即在运动过程中,人体吸入的氧气与需求相等,达到生理上的平衡状态。

简单来说，有氧运动是指任何富有韵律性的运动，其运动时间较长（约 15 min 或以上，每周坚持 3～5 次），运动强度在中等或中上等的程度（最大心率值为 60％～80％），因为此时血液可以供给心肌足够的氧气。有氧运动还是一种恒常运动，是持续 5 min 以上还有余力的运动。

有氧运动的特点是：强度低、有节奏、持续时间较长。这种锻炼，氧气能充分燃烧（即氧化）体内的糖分，还可消耗体内脂肪，增强和改善心肺功能，预防骨质疏松，调节心理和精神状态，是健身的主要运动方式。所以说，如果体重超标，要想通过运动来达到减肥的目的，建议选择合适的有氧运动。

二、有氧运动基本项目

（一）游泳

1. 水中运动

人们在进行水中运动时可以侧对池壁，手扶池边，向前、向后迈步行走，或面向池壁，手扶池边，向左、向右迈步行走；也可以扶壁或 5～6 人手拉手向前、后、左、右走动；还可以与同伴手拉手成圆圈做游戏性的走、跑或互相推水、戏水。

2. 呼吸练习

人们在进行水中运动时，手扶池槽或手握同伴的手，深呼吸后闭气。然后慢慢下蹲把头部全部浸入水中，停留片刻，在水中用鼻、嘴慢慢吐气，直到吐完。然后起立，在水面上吸气后再重复做几次。水中的呼吸要按照“快吸—稍闭—慢呼—猛吐”这一特殊的节律进行。

水中运动的嘴、鼻同时练习要求吸气后头浸入水中，稍闭气后即在水中用嘴和鼻同时呼气，然后抬头。再将嘴露出水面，直至嘴一露出水面时，用力把气呼完。随即用嘴迅速吸气，吸气后头部又立即浸入水中。如此反复练习，做到吸气—闭气—呼气有节奏地进行。

3. 浮体与站立练习

（1）抱膝浮体站立练习。人们在进行抱膝浮体站立练习时，原地站立深吸气后，下蹲低头抱膝，双膝尽量靠近胸部，前脚掌蹬离池底，成抱膝团身低头姿势，自然漂浮于水中。站立时，两臂前伸，向下压水并抬头，同时两腿伸直，以脚触池底站立，两臂自然放于体侧。

（2）展体浮体练习。人们在进行展体浮体练习时，吸足气，身体前倾入水，闭气，抱膝，团身低头。等背部浮出水面后，伸直背和腿，呈俯卧姿势漂浮水中。站立时，收腹、收腿，两臂向下压水，然后抬头，两腿伸直，两脚触池底站立。

4. 滑行练习

人们在进行滑行练习时，背向池壁，两臂前伸，一脚贴池壁，一脚站立。吸足一口气，身体前倾入水，收站立脚成双腿屈膝，接着用力蹬离池壁，身体呈流线型向前滑行。

(二)跳绳

初学者最好挑选一些较重的绳子，跳绳时选择鞋底较软、鞋帮较高的运动鞋。切忌在凹凸不平或硬地面跳绳，两脚同时着地或交替着地。

1. 目标肌肉

跳绳锻炼的是全身肌群。

2. 运动强度

跳绳的运动强度是每分钟 80 次左右，持续 30 min。

3. 注意事项

饭前 1 h 和饭后 1 h 进行跳绳运动最宜。

第三节　全民健身背景下的运动塑形

爱美之心，人皆有之。很多人参与健身是为了追求完美的身材。本书所说的运动塑形是指在健身房内，运动员根据自身身体情况，制订相应的训练计划，以抗阻训练为主要途径，改善体形，使之更趋于标准或健美身材，获得视觉上的外在美。

通常意义上讲的运动塑形是指以运动为基本手段，使个体的外形符合人体标准，人体的形体标准可通过身高、体重、三围等人体数据科学计算得出。

一、抗阻训练

抗阻训练是指肌肉在克服外来阻力时进行的主动运动。阻力可由他人、自身的重量或器械（如哑铃、沙袋、弹簧、橡皮筋等）产生。

有效的抗阻训练计划的设计是运动员必须重视且有极高价值的；设计抗阻训练计划的过程中要求充分考虑计划针对运动训练的有效性；抗阻训练计划包含许多因素（练习方式、组数与重复次数、间歇时间、动作速度等），在设计过程中必须仔细考虑所有的变量;在训练中没有完美无缺的训练计划。

人体的肌肉由肌纤维和肌腱构成。通过抗阻训练,给肌肉外加阻力,做功时肌纤维由于负重收缩或伸展,出现部分可自动修复的损伤现象。停止训练休息时,以蛋白质为主的营养物质对轻微破损的肌纤维进行修复补充,使其横切面积增大,导致整个肌纤维体积增大,因而肌肉生理横断面也增大,达到塑造肌肉形态的效果。长期抗阻训练也能使肌纤维内的肌原纤维增多,肌肉中毛细血管数量增多、结缔组织增厚,使肌肉更加坚实、有型。

二、抗阻训练的方法

抗阻训练应当循序渐进、因人而异、全面锻炼主要肌群、保证足够强度和量,以实现增长肌肉力量、耐力和维持去脂体重,提高整个机体功能的目的。在负重训练的开始阶段只需要对身体的各个部位进行一次训练。运动顺序应该是以大肌肉群(如胸肌和背肌)运动在前,小肌肉群(如肱二头肌和肱三头肌)运动在后;多关节的运动在前,单个关节的运动在后;运动强度大的动作在前,强度小的动作在后。根据训练目标确定使用重量、重复次数、组间休息时间,如表 5-1 所示。

表 5-1 抗阻训练参照表

训练目标	使用重量(1%强度或重量)	目标次数	组间休息时间
肌力	≥80%	≤6	3~5 min
肌肥大	67%~85%	6~12	30~90 s
肌耐力	≤67%	≥12	≤30 s
爆发力	<30%	≤3	60~90 s

(一)超级组训练法

超级组训练法是指要求一对互为拮抗肌的肌肉连续进行训练的训练方法。具体就是一块肌肉训练至疲劳时紧接着让与其对抗的肌肉训练直至疲劳。例如,训练肱二头肌后紧接着训练肱三头肌,两块肌肉训练完后休息 60~90 s;或者是训练股四头肌后紧接着训练股后肌(腘绳肌)。超级组训练法通常用于单关节的运动中,每组练习的间歇为 60~90 s。

(二)金字塔训练法

金字塔训练法是指一个动作做若干组时,重量逐组加重,次数逐组减少,直到重量加到预定的最高点,次数降到预定的最低点,像金字塔那样。此法对增大肌肉的体积和力量有较大作用。也可在到达顶点后逐组减轻重量、增加次数,直到预定的最轻重量和最多次数。在后一种方式中要强调运动前的准备活动。

(三)分化训练法

分化训练法是指在不同的训练日进行不同身体部位训练的训练方法。例如,胸部、背部、下肢的训练分别安排在周一、周二和周三进行;肩部、上肢、核心的训练安排在周四、周五和周六进行。分化训练要求每周进行 6 天,且每个部位的训练强度要比整体训练计划(每周 3～4 次)的强度高一些。

三、运动塑形的具体方法

运动塑形追求的目标是身体肌肉更具线条感,而这一目标与肌肉的围度息息相关,增加肌肉围度、肌肉量最主要也是最基本的方法便是抗阻训练。

(一)胸部肌群锻炼方法

1. 杠铃卧推

(1)目标肌肉。杠铃卧推锻炼的是胸大肌。

(2)身体位置。杠铃卧推要求身体平躺在卧推凳上,双脚自然地放在地上。调整身体的位置,使眼睛位于卧推架上杠铃的正下方,肩胛骨向后夹紧,下沉。握距比肩稍宽,从卧推架上取下杠铃。

(3)动作路径。吸气时慢速下放杠铃,直至大臂与地面平行为止。呼气时推起杠铃回到起始姿势。

(4)运动强度。运动强度为 8～12 次/组,做 4～6 组。

(5)注意事项。锻炼时要量力而行;切忌杠铃过重,易发生运动损伤。

2. 哑铃卧推

(1)目标肌肉。哑铃卧推锻炼的是胸大肌。

(2)身体位置。哑铃卧推要求身体仰卧平躺于平板卧推凳上,头部、上背和臀部接触凳面并获得牢稳的支撑,双腿自然分开,双脚平放在地板上。沉肩,并且收紧肩胛骨。两肘弯曲,握住哑铃,拳眼相对,哑铃的轴线位于乳头上方 1 cm 处(胸肌中部),位于胸部两侧。

(3)动作路径。呼气时向上推起,哑铃向正上方偏向身体中线推起。肩胛骨始终收紧,手臂推直内收。吸气时使两臂向两侧张开,两臂慢慢弯曲,哑铃垂直落下,下降至大臂和身体同一水平时,即做上推动作。

(4)运动强度。运动强度是 8～12 次/组,做 4 组。

(5)注意事项。在整个推举过程中始终保持胸部紧张;下放哑铃时要注意控制速度,以缓慢而稳定为佳。

3. 哑铃仰卧飞鸟

(1)目标肌肉。哑铃仰卧飞鸟锻炼的是胸大肌外缘、中缝。

(2)身体位置。锻炼时要求仰卧平躺于平板卧推凳上,双手持铃,掌心相对。上背部紧贴凳子,脊椎保持正常生理弯曲,核心收紧。

(3)动作路径。运动员下放哑铃时注意力集中在胸外缘处,靠胸肌的张力控制住哑铃缓慢下放,同时充分吸气、挺胸,胸外缘有轻微拉伸感时停止。上举时要靠胸肌的收缩带动双臂向上环抱,直至哑铃相触,这样可避免肩背过分参与用力。

(4)运动强度。运动强度是 12～15 次/组,做 4 组。

(5)注意事项。在整个推举过程中始终保持胸部紧张;下放哑铃时要注意控制速度,以缓慢而稳定为佳。

4. 窄距俯卧撑

(1)目标肌肉。窄距俯卧撑锻炼的是胸大肌内侧。

(2)身体位置。运动者在进行窄距俯卧撑时,两手撑地比肩略窄,手臂稍微弯曲。两腿稍分开,前脚掌着地,身体应保持一条水平线,紧腰收腹,避免提臀屈膝。

(3)动作路径。吸气时,曲臂,降低身体,将胸脯贴近地面;呼气时回到起始姿势。

(4)运动强度。运动强度是 8～12 次/组,做 4 组。

(5)注意事项。运动时要循序渐进、由易到难;合理控制运动负荷。

(二)肩部训练方法

1. 站姿前平举

(1)目标肌肉。站姿前平举锻炼的是三角肌前束。

(2)身体位置。自然站立,或紧靠 45°斜凳站立,两手正握杠铃(或哑铃)垂于腿前,握距与肩同宽,掌心向下,肘关节微屈,固定。

(3)动作路径。呼气时把杠铃(或哑铃)向前上方举起,肘部稍屈,直至高于视线平行高度。吸气时回到起始姿势,哑铃不与身体接触。

(4)运动强度。运动强度是 8～12 次/组,共 4 组。

(5)注意事项。上举和下落时全身保持直立,两臂保持自然伸直;身体不要大幅度晃动,避免运动损伤。

2. 斯科特举

(1)目标肌肉。斯科特举锻炼的是三角肌前束、中束。

(2)身体位置。斯科特举要求双手握哑铃于体前，掌心面向自己，手臂自然伸直。

(3)动作路径。呼气时肘部向两侧抬起，小臂自然下垂，当肘部平行于或略高于肩部时停顿 2 s。吸气时回到起始姿势。

(4)运动强度。运动强度是 8～12 次/组，共 4 组。

(5)注意事项。注意哑铃不要与身体接触。肩峰点时继续发力，肩部肌肉向上做功。

3. 俯身侧平举

(1)目标肌肉。俯身侧平举锻炼的是三角肌后束。

(2)身体位置。手握哑铃，双腿自然分开。膝盖和臀部向前倾斜，保持背部挺直，使哑铃低于胸部，手臂稍弯曲。可采取俯卧、坐姿、拉力器等多种形式进行这一动作练习。

(3)动作路径。呼气时用力抬起哑铃，并向外伸展平举至身体两侧，直至肘部略高于肩膀，保持上臂与身体垂直。吸气时回到起始姿势，整个运动过程，肘部始终保持固定。

(4)运动强度。运动强度是 8～12 次/组，共 4 组。

(5)注意事项。做俯身侧平举时，切忌身体摇晃、摆动。

(三)背部主要肌肉训练方法——宽握引体向上

1. 目标肌肉

宽握引体向上锻炼的是背部肌群，增加宽度。

2. 身体位置

宽握引体向上要求双手抓住把柄或单杠，使腰背以下部位放松，背阔肌充分伸长，两小腿弯曲抬起交叉。

3. 动作路径

呼气时集中背阔肌力量收缩，胸部靠近单杠，屈臂引体上拉至最高处稍停 2～3 s；吸气时以背阔肌收缩力控制身体缓慢下降。

4. 运动强度

运动强度要求每组做到力竭，共 3 组。

5.注意事项

运动要求充分伸展和收缩背阔肌；向下放至最低，向上拉到下巴过杆。

(四)手臂主要肌肉训练方法

1.哑铃交替弯举

(1)目标肌肉。哑铃交替弯举锻炼的是肱二头肌。

(2)身体位置。哑铃交替双手持哑铃垂于体侧，掌心朝前，两肘贴靠身体两侧。可直立，可采用坐姿，可上斜。

(3)动作路径。以肘关节为支点，向上弯举，同时前臂外旋，掌心向上朝身体外侧，举至最高点收紧肱二头肌，稍停，缓慢还原，另一侧手臂做相同动作。

(4)运动强度。运动强度是左右手各 8～12 次/组，共 4 组。

(5)注意事项。运动时要注意快起慢放，感受肱二头肌的收缩发力。

2.哑铃单臂集中弯举

(1)目标肌肉。哑铃单臂集中弯举锻炼的是肱二头肌、肱肌、肱桡肌。

(2)身体位置。哑铃单臂集中弯举要求运动者坐在凳上，一手握哑铃，让上臂肘部、大臂贴在同侧大腿内侧，前臂向下垂直放松。另一侧手自然弯曲，靠于同侧大腿，保持身体稳定。

(3)动作路径。运动时，收缩握铃一侧的肱二头肌将前臂向上弯起，至最高点时收缩肱二头肌，稍停 1～2 s，伸展肘关节，缓慢还原至起始姿势。

(4)运动强度。运动强度是左右手各 8～12 次/组，共 4 组。

(5)注意事项。运动时，动作快起慢落，配合呼吸。

3.反握引体向上(窄握)

(1)目标肌肉。反握引体向上锻炼的是肱二头肌、背阔肌。

(2)身体位置。反握引体向上要求运动者反握单杠，握距略窄于双肩宽度。身体悬垂，手臂自然伸直，双脚在身后相互交叉勾起。

(3)动作路径。运动时呼气时缓慢屈肘，将身体向上拉起，直到下巴高于单杠；稍停顿 2～3 s，然后控制肌肉力量使身体缓慢下降，吸气时回到起始姿势。

(4)运动强度。运动强度每组做到力竭，做 3 组或以上。

(5)注意事项。运动时保持身体挺直、静止，唯一活动的关节只有肩关节和肘关节。

(五)腿部主要肌肉训练方法——杠铃深蹲

1.目标肌肉

杠铃深蹲锻炼的是股四头肌。

2.身体位置

杠铃深蹲要求运动者抬头、挺胸、直腰、挺背,将横杠放在隆起的斜方肌上;脚间距与肩同宽或略宽于肩,脚尖微微外展,膝关节对齐脚尖。

3.动作路径

运动时,慢慢屈膝控制下蹲,下蹲时膝关节的方向同脚尖的方向,蹲至大腿平行于地面或稍低于水平面。最低点停滞1 s慢慢蹲起。

4.运动强度

运动强度是8～12次/组,共6～8组。

5.注意事项

运动时,杠铃放于后颈中间;下蹲时膝关节始终对齐脚尖。

(六)腹部主要肌肉

1.仰卧卷腹

(1)目标肌肉。仰卧卷腹锻炼的是腹直肌上部。

(2)身体位置。仰卧卷腹要求运动者仰卧于地垫上,膝部弯曲成90°左右,放松背肌和脊柱,两腿并拢并自然弯曲,脚部平放在地上。

(3)动作路径。运动时,双手交叉于胸前,手肘保持两侧打开固定,起身时利用腹直肌收缩的力量抬起上背卷起身体,下背用力贴近地面,挤压腹肌。起身呼气,下落吸气。双腿处于放松状态,卷起时腹部收缩发力。

(4)运动强度。运动强度是25～35次/组,共2～3组。

(5)注意事项。运动时,抬起身体时,腰不离开瑜伽垫;下落时,肩胛骨不接触瑜伽垫。

2.仰卧抬腿卷腹

(1)目标肌肉。仰卧抬腿卷腹锻炼的是腹直肌上部。

(2)身体位置。仰卧抬腿卷腹要求运动者平卧地上,两膝弯曲,抬起小腿,切勿下降,两手抱头。

(3)动作路径。运动时,保持小腿不下放的姿势,尽力把上身向前卷缩,身体实际上不用上抬很高。

(4)运动强度。运动强度是 25～30 次/组,做 2～3 组。

(5)注意事项。运动时,向上卷腹呼气,还原时吸气;整个过程腰部紧贴地面,手臂不要发力,只是托着头部。

3. 垂直举腿

(1)目标肌肉。垂直举腿锻炼的是腹直肌下部。

(2)身体位置。垂直举腿要求躺于垫上,背部放松,双手自然放在身体两侧,手掌朝下。

(3)动作路径。运动过程中保持上背部紧贴地面,收缩腹部抬起双腿,与身体成 90°,轻微上抬臀部。当腹部完全收缩时,停止运动,慢慢地回到起始姿势。

(4)运动强度。运动强度是 25～30 次/组,做 2～3 组。

(5)注意事项。运动时,快起慢放;呼气时抬起,吸气时下落。

4. 仰卧两头起

(1)目标肌肉。仰卧两头起锻炼的是整个腹直肌。

(2)身体位置。仰卧两头起要求运动者仰卧在垫子上,双脚着地,腿部自然伸直,双手交叉放在胸前或者轻轻放在头的两侧。

(3)动作路径。运动时,收缩腹部,双腿和头部同时向腹部靠拢、收紧。在双腿和头部靠近时稍停 1 s 左右,随后缓慢回到起始姿势。

(4)运动强度。运动强度是 8～12 次/组,共 2～3 组。

(5)注意事项。运动时,不要依靠惯性快速完成动作,而是有节奏、有控制地来完成动作;膝关节自然伸直。

5. 负重转体

(1)目标肌肉。负重转体锻炼的是腹内、外斜肌。

(2)身体位置。负重转体要求运动者站立,持杠铃片于胸前,双脚分开,略宽于肩。

(3)动作路径。运动时,通过腹内、外斜肌来使身体左右转动,转动幅度约为 45°,动作在最末端需要制动。也可肩上扛杠铃。

(4)运动强度。运动强度是 50～100 次/组,共 3～4 组。

(5)注意事项。运动时,有控制地旋转,注意不要扭伤腰腹,骨盆尽量不要旋转。

第六章 全民健身背景下不同年龄段的健身

第一节　全民健身背景下的少年儿童健身

通常情况下，6～12 岁的年龄阶段是所谓的小学阶段，也被人们称为学龄初期。儿童期是生长发育的两个快速增长的中间阶段，所以说个体形态机能发育的增长在这个阶段趋于稳定。从总体来分析，身高发育速度要比体重发育速度快一些，绝大多数孩子会表现为细长型。通常男孩和女孩进入青春发育期的年龄是有差异的，女孩往往要比男孩早大约两年。

一、儿童身心发展特点

(一)儿童身体发展特点

1. 骨骼发育

生长发育是儿童身体的主要特点，儿童的骨骼弹性大而硬度小，柔韧性较好，因而不易完全骨折，但易弯曲变形，需要引起关注。身高的发育要比体重的发育速度快，多呈现细长型。

2. 肌肉发育

肌肉方面，肌肉中含水量较高，蛋白质、脂肪以及无机盐类较少，肌肉细嫩。相较于成人来说，儿童期的收缩能力较弱，耐力差，易疲劳，但恢复速度相对较快。

3. 关节发育

因为发展儿童关节灵活性和柔韧性的难度偏小，所以建议适度安排一些可以活动关节以及发展关节柔韧性的健身活动，但千万不能忽视儿童的关节不牢固、极易脱位等现实问题。

4.智力发育

儿童的神经系统已经大体发育成熟，同时已逐步拥有完成各类复杂运动的身体能力，此外儿童的智力也已经达到很高水平。

（二）儿童心理发展特点

在儿童持续接受各类新鲜事物的过程中，儿童的形象思维会慢慢变成逻辑思维。与此同时，在儿童掌握的日常生活知识持续增加的情况下，儿童思考问题时的目的性特征、独立性特征以及灵活性特征会越来越显著。

二、儿童运动健身指导

（一）培养儿童的健身兴趣

一般来说，儿童都存在贪玩的天性，把儿童运动健身和不同形式的游戏充分融合在一起，往往能有效激发儿童参与运动健身的主观能动性。详细地说，在儿童体育活动的组织环节与设计环节，应当有针对性地引导与教育。组织和开展针对儿童群体的健身活动时，一方面要保证负荷量安排的适宜性，另一方面要保证在“玩”的过程中能使儿童有所收获。借助这种手段来增加儿童体育活动的趣味性，在潜移默化中培养和增强儿童参与运动健身的意识，对儿童自觉参与运动健身产生引导性作用。

（二）合理组织健身活动

对于儿童参与的健身活动来说，组织环节一定要达到科学性要求以及安全性要求。第一，以儿童为主要对象的健身活动安排一定要密切联系并兼顾儿童的心理特征，最大限度地推动儿童实现全面发展，并且使儿童各个方面的素质都获得大幅度提升。第二，组织的儿童健身活动一定要确保运动负荷达到科学性要求以及合理性要求，一定要将运动强度控制在合理范围内，基本动作技术应当占据较大比例，一定要把侧重点设定为促使儿童逐步具备运动健身的意识与习惯，严禁只侧重于提高儿童的运动技能。因为儿童正处在生长发育的重要时期，身体比较脆弱、安全意识和自我保护意识都有待增强，所以针对儿童开展的各类体育活动一定要把安全工作做到位，立足于多个维度来保证儿童始终处在安全状态下。

（三）重视家庭体育的作用

家庭环境的好坏往往会对儿童的发展产生至关重要的影响。尽管我国义务教育自很早起就开始减负，但儿童的学习时间依旧占据全天时间中很大比例，儿童在学校体育课堂中参与的体育活动有很大的局限性，从整体来看对儿童运动健身产生的实际成效有很大的局限性。针对这种情况，家长就有必要适当开展适宜儿童参与的家庭体育活动，如此不仅可以增进儿童和家长的感情，还能在一定程度上锻炼儿童，对儿童的全方位发展显然是有益而无害的。

就现阶段来说，要想更好地吸引广大儿童自觉成为各类健身活动的参与者，就一定要把家庭体育与体育课、课外体育活动等形式的体育运动充分融合在一起，想方设法使各种运动形式形成优势互补，最终将各项体育活动形式的价值和作用发挥得淋漓尽致。通过综合分析能够发现，这是提高儿童身体素质和推动儿童健康成长的可行性途径。

三、适合儿童的健身项目

全方位分析儿童的身心发展特征以及兴趣爱好等能够得出，适合儿童参与的健身项目分别是自由活动、走、跑、攀爬类的活动、跳绳、垫上运动（滚翻）、体操、足球、篮球、游泳、武术等活动。

第二节　全民健身背景下的中青年健身

一、青少年健身指导

青少年期是指12～17岁这个年龄阶段。由于青少年是一个相对特殊且尤为重要的群体，所以青少年时期也是组织和开展体育运动训练以及健身的重要时期。

（一）青少年身心发展特点

1.青少年身体发展特点

青少年的身体发育是其人生中的一个高峰阶段，从儿童期进入少年期，少年的身体形态的各种指标增长速度会突然变快。从整体来看，在少年期的发育过程中，身体长度发育在前，横向发育在后。从手脚与躯干、四肢的发育状况上来看，手脚和四肢的发育在前，躯干的发育在后。男、女青少年的身体发育会表现出明显的性别差异。

2.青少年心理发展特点

通常来说，青少年的人际关系存在显著的复杂性特征，他们的抽象思维能力以及独立学习能力同样呈现出比较明显的增强趋势。但不容忽视的是，他们的心理依旧有很多需要发展和完善的地方，突出反映在以下四个层面。

第一，独立性和依赖性同时存在，认识水平有待提高，自控能力有待增强，被暗示的可能性偏大。

第二，兴趣爱好出现转变以及转移的可能性偏大。

第三，身体形态与机能在短时间内的快速发展会作用于青少年的心理发展，进而会产生很多变化。

第四，因为很多青少年都会产生叛逆心理，所以在青少年参与体育健身的过程中一定要对其进行行之有效的引导。

(二)青少年运动健身指导

一般来说，学校是组织并开展青少年运动健身活动的重要场所，所以这里仅对青少年学生的科学体育健身进行着重阐析，并在此基础上提出指导性建议。

1.增强青少年的健身意识

在年龄持续增长的情况下，青少年的身体发展与心理发展也会出现多重变化，同时青少年的知识经验也会持续增加，所以他们对体育活动持有的观点和看法同样会出现或多或少的变化。就这个阶段来说，青少年参与身体锻炼的主观能动性会有所增加，参与体育活动的目的性也会越来越明显，开始想要达到竞技体育运动中相关动作技术的标准和要求。从整体来说，这个阶段是青少年掌握与提高有关技术动作的关键阶段。青少年形成良好的运动健身意识，往往会对其参与运动健身产生强有力的引导作用，所以说一定要把培养青少年健身意识当成一项重要任务。

青少年运动健身活动需要达到的要求是：一方面，最大限度地满足青少年在运动健身方面的需求，在有限的闲暇时间内循序渐进地培养青少年的锻炼习惯。此外，科学选择适宜青少年身体发展特征和心理发展特征的体育活动。另一方面，以青少年的身体发育特征、心理发育特征以及实际喜好为依据，指导青少年选择最感兴趣的体育活动，逐步启发并培养青少年的健身意识，从而为他们未来的体育健身或者体育事业奠定稳固的基础。

2.重视学生对正确运动技能和科学健康保健知识的掌握

对于青少年来说，不仅要着重向他们传授运动健身知识，还要采取多元化手段使他们掌握相关的运动技能。运动健身知识与运动技能可以使学生受益一生。

在传统的体育教学中，只注重学生的基础知识和基本技术的传授，忽视了学生群体的差异性，体育方面具有天赋的学生并没有真正地掌握相应的较高水平的动作技术，不利于其今后的发展。另外，学校对健康保健方面的知识传授较少，再加上学生掌握的动作技术相对较为浅显，从而使得其毕业之后便很难再进行相应的体育锻炼。因此，在教学过程中，应使学生真正在进行相应的体育健身锻炼过程中正确掌握并熟练运用动作技术。另外。还应加强对学生的体育健身知识的教授，使学生能运用所学的知识指导健身活动。

3.注重培养青少年良好的思想品德

青少年期是一个特殊的时期，学生会表现得比较叛逆，因此该时期是学生价值观念、人生态度等形成的重要时期，应注重对其道德观念以及意志品质的塑造和培养。体育教学并不仅仅是对学生的运动技能和知识等方面的培养和提高，也是对其心理、道德、意志品质等方面的发展，其目的是促进学生的全面发展。因此，在教学过程中，应运用和创造各种条件来发展学生在这些方面的素质，使学生养成积极进取精神、团队合作意识、遵纪守法意识等。还需要补充的是，要在适宜的时间鼓励学生参与体育健身活动，使学生逐步形成积极向上、自信、乐观的良好性格。

(三)适合青少年的健身项目

1.跑跳类运动

跑跳类运动项目主要有短跑、长跑、跳高、跳远等，可发展青少年的奔跑能力，下肢力量及灵巧协调能力，还能较全面地促进青少年身体各器官机能的提高，促进生长发育，但跑跳时要注意强度不要太大。

2.球类运动

球类运动有益于发展青少年的灵巧、协调、反应能力。

3.体操

体操对发展青少年的身体柔韧性具有重要作用。

4.游泳与滑冰

游泳、滑冰、滑雪作用类似跑步，且能引起青少年极大的健身兴趣，对青少年的身体健康发育影响较为全面。

二、青壮年和中年健身指导

(一)青壮年身心发展特点

1. 青壮年生理发展特点

青壮年是指在18～35岁年龄阶段的人,这属于个体的黄金期。就这个时期来说,分布在身体各个部位的器官组织的生长发育已经大体完成,身体素质相对较高。因为青壮年时期的身体素质是一生中的巅峰时期,所以承受较大运动负荷量的能力比较强,可以相对容易地适应各类运动健身活动。

2. 青壮年心理发展特点

通常,青壮年都有很丰富的情感以及人生理想与抱负,特定的价值观念以及个性特点会在这个时期形成,对事物有自身的态度和观点。除此之外,青壮年的意志力与自控力会得到质的提升,但某些情况下不可避免地会出现冲动的问题。

就体育健身而言,青壮年时期的人们参与运动健身活动的主观能动性是各个年龄阶段人群中最弱的,原因在于他们对自身的健康水平比较自信,所以往往不会重视运动健身,这种思想必然会对他们长期维持身体健康产生负面影响。有为数不少的青壮年会过度挥霍健康,身体产生不良症状后才会参与运动健身活动,被动参与运动健身活动的现象在青壮年群体中比较普遍。

(二)中年人身心发展特点

中年人是指年龄在35～60岁的人群,他们的身心发展特点如下。

1. 中年人的身体发展特点

人到中年之后,身体的各项机能以及各方面的素质逐渐开始下降。中年人各方面的身体机能出现下滑,在工作和生活的压力下,很多人进入疾病多发的困难时期。物质生活条件的改善也容易造成中年人的营养过剩,再加上中年人的精力开始减退,很多人开始发胖,体力也明显衰退,进行相应的运动之后产生的运动疲劳也不容易恢复。

2. 中年人的心理发展特点

通常中年人会积累丰富的工作经验与生活经验,事业方面同样会取得相应的成就,许多中年人在工作单位中都扮演着重要角色。中年人需要承受的工作压力与生活压力比较大,但运动量却普遍偏少,这使得很多中年人的心理存在不同程度的紧张与抑郁。尽管中年人的心理比较成熟、经验相对丰富,但在工作和生活的双重重压下,往往需要承受很沉重的心理压力,有很大可能会出现抑郁、失眠等心理疾病。在中年人年龄持续增加的过程中,他们的心理疾患与生理疾病的发病率会呈现出持续上升的趋势。

(三)青壮年和中年健身指导

1.深刻领会运动健身的重要性和必要性

现实生活中,青壮年和中年受各种因素的影响(如错误健身观念、没有时间健身等),大多忽视体育健身锻炼,从而使其身体机能出现下降,体质向不健康的方向转变,呈现"亚健康"状态,并且非常容易疲劳,这一趋势在中年期将更加凸显。很多人感到中年便百病缠身,严重影响其工作和生活,其中很大程度上是因为其在青年时期不注重体育锻炼而造成的。就现阶段来说,青壮年认识运动健身活动出现的常见误区是:第一,青壮年和中年的各项身体机能处于最佳水平,所以他们理所当然地认为参与运动健身活动是对体质状况较差的人说的,自己参与运动健身活动的必要性不大;第二,青壮年和中年阶段没有时间和必要参与运动健身活动,年龄大了再参与运动健身活动也为时不晚。

针对青壮年和中年人群对体育健身认识的错误认知,有必要有目的、有意识地对青壮年进行宣传和教育,增强其对体育锻炼的认识和了解,培养其健身观念和健身意识。让青壮年和中年人群认识到"没有必要参与体育健身锻炼"的观念是错误的,青壮年和中年人群"没有必要参与体育健身断蓝"的观念没有认清进行体育锻炼的重要性和必要性,因此,青壮年和中年人群缺乏真正的体育锻炼知识和体育锻炼观念。青壮年和中年应注重体育健身活动,并养成有规律的体育健身习惯,使体育健身成为日常生活的重要组成部分。以下两种手段能够使得青壮年和中年的体育健身观念出现转变,便于引导和组织青壮年和中年群体科学健身。

其一,可以通过宣传教育,使青壮年和中年人群明白健身锻炼的重要性,在人生的不同时期和阶段都应注重体育锻炼对身心健康的重要作用。尤其是青壮年时期,学习、工作和生活的压力大,生活节奏的进一步加快,健康则是开展相应的工作、学习和创造美好事业的物质基础。青壮年更应该加强体育锻炼,进行长效的健康投资,树立科学的健康理念。

其二,组织与安排青壮年和中年人群参与体育运动时,不仅要把人们的个体差异性考虑在内,还要把其当前掌握运动技能的实际情况考虑在内,也要把青壮年和中年的身体发展特征和心理发展特征考虑在内，从而保证运动健身活动达到针对性要求。

2.重视健身知识与技能的掌握

不管运动健身人群正处于哪个年龄阶段，参与运动健身活动都离不开健身知识的科学指导以及掌握相关的运动技能，组织和开展者一定要高度重视知识传授环节和技能传授环节，从而使青壮年和中年人群掌握的基础知识和运动技能对其产生正面影响。

3.建立科学健康的生活方式

在社会竞争日益激烈的背景下，青壮年和中年需要正视的求职压力、升职压力、家庭经济负担都在持续增加，所以很多青壮年长时间保持着不健康的生活方式，即熬夜、睡眠不足、饮食不规律、吸烟、酗酒等，长此以往必然会对青壮年和中年人群的身心健康产生威胁。由此可见，青壮年和中年人群一定要建立并保持良好的生活方式，同时通过诸多努力来增强自身的社会适应能力与心理承受能力。

诸多实践与事实表明，科学参与运动健身活动是人们形成健康生活方式的一项有效手段，如此不仅能扩大青壮年和中年人群的社会交往范围，还能使其人际关系更加融洽，在科学参与的过程中逐步形成顽强的意志品质以及拼搏精神，使其文化素质和生活品质得到大幅度提升，此外能使其业余生活更加多样化。

4.青壮年和中年运动健身注意事项

第一，保证运动健身达到科学性要求与有效性要求，从而使其运动锻炼的效果有所增强。

第二，青壮年和中年组织和安排运动健身活动时间，一定要把自身的工作状况以及生活状况都考虑在内，保证锻炼计划的科学性和有效性，逐步养成良好的运动习惯。

第三，安排青壮年和中年的运动健身活动时，要保证运动项目、运动内容、运动形式都达到多样性要求，从而对不同兴趣爱好的青壮年和中年人群产生更大的吸引力。

第四，青壮年和中年要对自己提出坚持参与身体锻炼的要求，如此能够使其身体素质得到大幅度提升，也可以为其终身体育锻炼奠定基础。

(四)适合青壮年和中年的健身项目

青壮年和中年可以结合自身的具体实际,自由地选择运动健身项目。这一阶段,青壮年在选择体育运动健身项目时,会依据自身的身体条件、运动兴趣以及生活习惯等做出相应的判断。一般而言,适合青壮年和中年人群的健身项目主要有散步、慢跑、自行车骑游、爬山、跳操、跳舞、象棋、扑克、麻将、垂钓、拳击、散打、高尔夫球、保龄球、网球、足球、台球、水上运动、登山、赛车、射击、溜索、潜水、冲浪、滑水、赛艇、漂流、飞伞、热气球、卡丁车等。青壮年和中年人群可结合自己的兴趣爱好和经济条件,有选择性地参加健身运动。

第三节 全民健身背景下的老年健身

一、老年人身心发展的特点

老年人是指年龄在 60 岁以上的人群,他们的身心发展特点如下。

(一)老年人的身体发展特点

在我国经济快速增长、物质生活条件持续改善的大背景下,人均寿命同样在持续延长。在年龄持续增长的过程中,老年人身体各个部位的器官和组织呈现出的衰退变化会日渐明显,适应能力与抵抗疾病的能力会大幅度减退,反应迟缓、智力下滑以及运动困难等状况都会相继出现。因此,个体在老年阶段的患病率也会呈现出上升趋势,他们要想维持健康生活就必须正视各种疾病相继发生的问题。

(二)老年人的心理发展特点

一般来说,老年人会从工作岗位上退休,他们的社会角色会出现巨大转变,这些变化会对他们的心理产生很大影响。首先,无所事事的状态极易使他们产生消极心理;其次,子女工作繁忙极易使他们产生孤独感和失落感;最后,身体各项机能的衰退极易使他们产生紧张情绪及恐惧情绪。这三个方面都会对老年人的身心健康产生或多或少的负面影响。

二、老年人运动健身指导

针对老年人开展的运动健身活动一定要以其身心发展特征为出发点,同时在全面兼顾老年人锻炼目标、锻炼需求、兴趣爱好的基础上选择并运用最适宜的体育锻炼内容与体育锻炼方法。为此,一定要结合老年人的实际喜好和身体素质选择最适宜的运动，同时要保证运动负荷量的适宜性。

(一)端正态度

面对身体和心理两个方面出现的各种问题，老年人应该予以正视，老年人应确立正确的健康观念，进行必要的健康储蓄，保证现在和未来的高质量生活。

对于健康观念淡薄的老年人，应加强宣传和教育，使其关注自身的多方面的健康状况，并使其明确进行运动锻炼的多方面的作用和功能。老年人应改变以往的错误想法和认识，把参加体育锻炼变成自觉的要求和行动，科学健身。

(二)量力而行

年龄因素所引起的身心变化会对老年人的健康产生很大的影响，在体育健身过程中，要量力而行，切不可争强好胜。运动形式主要是严格控制负荷量的有氧运动。如果负荷量安排不以当，则可能对身体造成一定程度的损害，甚至引发意外事故。此外，健身过程中还应进行自我监控，并定期对身体进行健康检查。

(三)因人制宜

老年人的运动健身应以群体性体育运动锻炼为主，这样更加适合老年人的身心发展特点。老年人在群体活动的交往过程中，会交流各自参加体育锻炼的心得体会。但是，需要注意的是，老年人的体质状况具有很大的差异性，因此应做到因人而异，科学进行锻炼。

通常组织运动健身活动时，一定要在分析和联系老年人身体机能状况和实际心理需求的基础上，制订切实可行的锻炼内容与锻炼手段。对于参与运动健身活动的老年人来说，参与过程中不要参照其他人的运动量来确定自己的运动量，要保证运动健身和自己的身心接受能力相吻合，同时保证运动健身活动达到针对性要求以及实效性要求。还需要注意的是，运动健身过程中要有机统一动与静这对矛盾。

(四)循序渐进

老年人的体育锻炼应是一个循序渐进的过程，要保持一定的规律性。如果断断续续地进行体育锻炼则不能够起到应有的健身锻炼效果。

(五)安全第一

在进行体育锻炼时，技术动作的难度以及运动的强度应在其可接受范围之内，不可盲目地增加运动负荷，避免造成过度疲劳或身体伤害，保证健身锻炼的安全。

(六)防病与治病有机结合

老年人参与运动健身活动不仅能够祛病强身、保持健康、延年益寿，还能够丰富和充实生活，提高生活的质量。大量的实践和事实表明，老年人进行运动锻炼能够有效提高自身的免疫力，起到预防疾病的目的。为此，指导老年人参与运动健身活动时必须和提高身体素质、防病、治病充分结合在一起，从而更好地满足中老年人的身心发展需求。

三、适合老年人的健身项目

老年人在选择健身项目时，应当优先选择中小负荷、低运动强度的运动项目。通常适合中老年人参与的体育项目有：健身跑、游泳、门球、太极拳、太极剑、体育舞蹈、慢跑、散步、游泳、垂钓、棋牌等。这些项目对于缓解中老年人的身体机能和心智能力下降都具有明显的作用。

参考文献

[1]北京市社会体育管理中心.全民健身你我同行:北京市全民健身科普知识手册精编[M].北京:九州出版社,2013.
[2]丁仲,夏平.大学生体育与健康[M].南京:东南大学出版社,2015.
[3]董孔榻,陈立民,李永刚.全民健身运动理论和科学实践研究[M].北京:中国书籍出版社,2014.
[4]方达泉.阳光体育运动与科学健身[M].长沙:中南大学出版社,2017.
[5]封飞虎,凌波.运动生理学[M].武汉:华中科技大学出版社,2014.
[6]傅浩坚,杨锡让.社会体育指导[M].北京:高等教育出版社,2012.
[7]高东方.大众健身运动指南[M].沈阳:东北大学出版社,2014.
[8]国家体育总局.功能性健身方法:激活你的身体[M].北京:人民体育出版社,2013.
[9]国家体育总局.全民健身:国家战略[M].北京:人民体育出版社,2016.
[10]国家体育总局.全民健身指南[M].北京:体育大学出版社,2018.
[11]郭立三.全民健康推进中的大众体育健身需求与方法探索[M].北京:中国水利水电出版社,2018.
[12]刘巍,张建,杨忠强.全民健身新论[M].哈尔滨:东北林业大学出版社,2013.
[13]陆莉萍.健身房运动指南[M].北京:科学出版社,2018.
[14]南来寒.全民健身路径[M].长春:吉林文史出版社,2014.
[15]沈芸.休闲体育与全民健身研究[M].西安:西安交通大学出版社,2017.
[16]吴国政,胡毅成.球类运动[M].北京:人民体育出版社,2014.
[17]杨毛元.大众健身理论与实践研究[M].长春:吉林大学出版社,2015.
[18]杨继星.现代大众健身发展分析与科学开展研究[M].北京:中国

纺织出版社,2016.
[19]杨建华.游泳与救生[M].成都:西南交通大学出版社,2013.
[20]姚鑫,杨柳.大学生体育与健康教程[M].2版.北京:北京师范大学出版社,2018.
[21]于军,周君华,黄义军.教育理论与实践研究丛书:全民健身服务实践体系建设研究[M].北京:中国书籍出版社,2015.
[22]运动膳食与营养编写组.运动膳食与营养[M].北京:北京体育大学出版社,2016.
[23]张铭.国民体质测定与运动健身指导科普的理论与实践[M].北京:北京体育大学出版社,2015.
[24]张彤,胡旭东,徐林江.大众健身科学实践与发展研究[M].北京:中国原子能出版社,2015.
[25]赵新世.全民健身体系及其实现路径研究[M].北京:中国水利水电出版社,2018.